情報とフィールド科学 5

# 生きている文化を人に学ぶ

Yukio Hayashi
林 行夫 著

Contents

## 目次

## 現代世界の日常生活

　私たちは蝶の羽ばたきが生む波動のような、普段気にもとめない出来事が、時には思いもよらない影響をうみだす時代に生きています。胃袋を満たす日々の食材の多くは、はるか遠くの海や山を越えて届きます。世界中にモノが流通して消費される現代世界では、災害はもちろん、わずかな気候変動でも遠い国の食卓に影響をおよぼします。同時に、第四次産業革命ともいわれるＩＴ革命のおかげで、見知らぬ街角の小さな出来事がツイッターやネットで世界中に届きます。非常に私的な日常風景も、瞬時に世界の人の目にふれるところとなる。日常の世界とそれをとりまく広い世界は、日ごとにその距離を縮めています。

　でも、文字と映像がとびかうネットの外のリアルな社会では、人が日々感じることや心の痛みはそのようには届きません（写真❶）。子供たちの自死の報道にみるまでもなく、いじめや暴力が、平凡にみえる日常生活の水面下で横行しています。現代は、自由で奔放な電脳世界が人を繋げているようにみえて、地上の人々との関わりを希薄にしている。「想像してよ、誰も殺し合いたくない」といったつぶやきと、地球上から消えない争いごと。個人の思いを自由に表現する手段をもちながら、それぞれの日常生活では無力感にさいなまれてい

写真❶

欲望に縛られて苦しむ現代人の姿（タイ・ウボンラーチャタニー県の菜食主義者のコンミューン「ラーチャタニーアソーク」にある巨大な絵の一部。二〇〇五年）。

る多くの人がいるのも事実です。

老化にあらがうアンチ・エイジングがはやるなか、近年の日本では毎年三万人近くが自ら命を絶っています。二〇〇六年から二〇一五年までの一〇年間で二九万七二七六人が自死している。[*1]この数は現在の明石市や盛岡市の人口と同規模です。ご近所でも、互いに身の安全のために素性をあかさない「無縁社会」。他者とは基本的に信用できない、危険な存在としてとらえるセキュリティ至上主義の社会。

もちろん、無縁社会の様相をみせながらも、まだまだ地縁が強い地域もあります。また、よくみれば、社会の常識は世代間でも異なります。戦前生まれの人の常識は、若い人には通用しません。社会は、異なる世代がいくつもの層をなしている。また同じ世代でも、たとえば震災経験者とそうでない人では社会や時代の見方も違う。何を人生の糧としているのかも、世代、経験、地域によって異なります。日常生活世界の現実は、じつに複雑で複合的な構造をしています。

都会の状況も、都市計画者が図面に描くような一枚岩的なものではありません。同じようにみえる匿名の若者たちも、他者との繋がりを求めて逡巡している。ひきこもりの若者も、ゲームの世界に自分以外の何者かと繋がる好奇心と関心をもちあわせています。孤食に慣れ、プライバシーの秘匿を当然のこととする一方で、ネット経由で人や集団との繋がり、関わりをもとうとする。技術

*1 https://www.npa.go.jp/safetylife/seianki/jisatsu/H26/H26_jisatunojoukyou_03.pdf（二〇一六年一一月三〇日アクセス）。

革新で劇変するどんな社会にあっても、私たちは個人であるとともに、生物学でいう類的な存在としての人間、つまり人類の一員としてあり続けようとするのかもしれません。

何十年も昔の私もまた、孤食がすきでオタク人間を先取りしたような若者でした。還暦をすぎた今も、その素性は変わらないかもしれません。ただ、文化人類学や地域研究といわれる「ものごとの見方と生き方」に関わる学問に出逢う前、出逢った時、そして出逢ってのちも、その時はぼんやりとして把握できないのですが、自分のまわりの環境にいた多くの他者と繋がることを通して、現在にいたる居場所を与えられてきたように思います（写真❷）。

## 本書のねらい

日本では、勉強や学問といえば本を読むこととみなされています。事実、中学、高校時代も教科書や参考書で勉強していますね。本書は、そうしたテキストベースより、私たちが出逢う人や自分の経験から学ぶ様を示すことで、生きた文化を学ぶことの面白さや深みへと誘うことをねらっています。私が研究者になるまでの経緯、異文化に近づくための文化としてのことばの習得、タイや東南アジア仏教徒社会でのフィールドワークで身心を通して学ぶこと、そしてそれらの営みからみえてくる将来への展望にもふれます。現実の世の中では、

写真❷

南ラオスのタリアン人のロングハウス内で歓待の地ビールを共に飲む（セーコーン県ダックチュン郡、一九九二年）。

人も社会も教科書どおりに動いてはいません。社会人になるということは、そうした教科書をつくる社会に参加することです。好奇心をもって挫折や失敗を怖れず挑戦し、学問を自由に選んで経験できる時間こそ、学生時代の特権です。学問は、取り組み方次第で、その後の人生を豊かにする知力をもたらしてくれます。小著が、みなさんのこれからの長い物語を築くうえでささやかな一助となれば幸いです。

# 1　宇宙と同じく未知な〈日常〉

## 居場所をもとめて

私は東南アジアの宗教文化と社会に関心をもってきました。初めて飛行機にのり、留学生として二年余り滞在したのが、国民の九割が仏教徒のタイです。タイに暮らす人々との関わりは、もうすぐ四〇年になろうとしています。

留学は研究という目的があったからですが、なぜタイだったのかと問われると、単に偶然の重なりだったとしかいいようがないところがあります。でも、タイは男性なら生涯に一度はお坊さんになるという国で、仏教が人生と暮らしにしみついているといわれます。当時の私、日本人の常識では「うそだろ〜」としか思えない、いわゆる宗教と暮らしが一体化した社会なんて、どういうこと？という好奇心があったことは事実です。とはいえ、それが半生の研究対象となるまでには、紆余曲折がありました（写真❸）。

今の職場の京都大学の知的伝統といえば、文系・理系ともフィールドワーク、そして今西錦司、梅棹忠夫といった知の巨人を輩出してきた探検部、というようにセットで知られています。この本流と私は直接関わりがありません。

写真③

龍谷大学大学院の修士課程を終え、一九八一年から京大東南アジア研究センター（当時）の研究生になったとき、探検部出身のT先生に自分の目と足でみる「景観分類」といった調査方法を教わります。また、一九八八年に初めて就職した国立民族学博物館では、館長

タイ東北部のマハーサーラカーム県ケーンコースム村で、村長（右から二人目）と「生涯、互いに苦楽と生死を共にする友人となる」プーク・シアオ（友垣）儀礼を行う筆者（中央。二〇〇五年）。

の梅棹先生やその弟子筋の強者先輩諸氏から豪快痛快な冒険談をお聞きして知的刺激を受けました。しかし、一九九三年に京大東南アジア研究センターに異動してからも、探検部出身の先生方と調査をともにしたことはありません。

そもそも私はフィールドワークとは縁のない文系学生でした。学問の面白さにめざめたのも書物を通じてです。学部の卒論も修士論文も、理論についての文献研究です。出身大学の学科では国内の社会調査が必須でした。役所や住民代表への慣れない挨拶、見知らぬ環境に身をおく調査は、できれば避けたいと思っていました。旅といえば、絵画が好きで画板を抱えてスケッチにでかける程度でした。

ただ、修士課程での滋賀県と岐阜県の県境の山村Oでの調査は、のちのタイでの調査の伏線になります。荒んだ下宿生活同様に、サバイバルゲームじみて面白く、また聞き取りでお邪魔した訪問先でお酒をいただき、古老の人生を夜遅くまできくという経験をしました。おじいさんおばあさんも、自分の村の若者が興味さえもたない昔語りを、よそ者の学生が根掘り葉掘り聞くのを一緒に楽しんでくれたようです。お先真っ暗な将来におののいていた私は、「小説より奇なる事実」にふれた歓びと、人が経験から得る知識の重みを知りました。書物の外に多くの学ぶことがあることを実感し、どうでもいいようにみえていた自分の経験もなにか意味があるのかと、みなおすきっかけになりました。

## 重要な他者、知識の集積体としての人

フィールドワークを正面から経験するのはタイ留学からです。そこに至るまでの数々の偶然の出来事は、過ぎてしまうと必然だったようにみえます。そのひとつひとつを思い起こすと、人生でもフィールドワークでも、そのつど「重要な他者」[*2]がいたことに気づきます。出逢った他者から得たこと、その時は数多くある情報めいたものでも、受け止め方次第で自分の血肉になっていく。それが小著で伝えたい、もうひとつの事柄であり、これからの世界に必要ではないかと思う知のあり方です。個人的なことになりますが、ここで私の血肉となったいくつかの出逢いを振り返ってみます。

最初の重要な他者は、それまでのものの見方をがらりと変え、知らない世界の入り口をみせてくれた人です。私には五歳上の兄がいました。世代差のある情報を私が中学生の頃から与えてくれました。当時新書版コミックスで復刻中だった白土三平「忍者武芸帳」や『ガロ』「カムイ伝」[*3]、洋楽、そしてパッペンハイムやフロム、ホッブスにマルクス、ニーチェの翻訳本や岩波新書といった教養書を、意味もよくわからずながめ読みしていました。

肉親以外では一三歳から一五歳までの中学生時代の出逢いがあります。「教科書の×頁を開きなさい、ここに間違いがあるからみつけてごらん」。最初の

＊2
「重要な他者 significant other」。米国の社会心理学者G・H・ミード（一八六三—一九三一）の造語。George Herbert Mead, *Mind, Self, and Society*, ed. by C.W. Morris, University of Chicago Press, 1934（『精神・自我・社会』稲葉三千男・滝沢正樹・中野収訳、青木書店、一九七三年）。

＊3
白土三平（一九三二—）は貸本漫画出身の漫画家。『忍者武芸帳　影丸伝』（全一七巻、三洋社、一九五九—一九六二年）は永禄年間から本能寺の変後の天正年間までの戦国大名、武家や僧侶などの支配者層と農民や地侍などの被支配者層との間での一

授業でいきなりそういった日本史のK先生。「なんでおまえは学校へいくん?」と逆に問われた、腰までロン毛の不登校同級生T君、そして人ではないですが、黒人のブルース音楽を模倣し消化し続けるローリング・ストーンズ（RS）とその曲ジャンピン・ジャック・フラッシュ（JJF）など……。*4

多数派の見解から外れてものごとをみることを「斜に構える」、またそうした見方を普通にする人は「天邪鬼」といわれます。こうした出逢いを通して、学校や世間で流通する評価や見方からいちどは外れてみて、相対化することが私の「癖」となると同時に、異なる見方への好奇心が芽生えたように思います。とはいえ、当時は関西でいう「いちびり」を自認していた私です。同級生が知らないことを知ることが「カッコええ」と思っていたにすぎません。誰にもある思春期の反抗時代の副産物でしょう。でも、そのときに出逢った白土やRSは、今なお私を元気づけてくれる活性メディアです。

もうひとつは見守ってくれた人です。学業成績は中の上程度だったので、「不良」と公言されませんでしたが、こんなことがありました。中三の学級委員では新聞委員をやっていましたが、高校受験の勉強がいやで、直前まで鉄筆と油紙ガリ版の学級新聞を週刊頻度でだしていました。ある教師のある日の授業を批判したり、当時報道されていた放水されて泥だらけになっている成田の人をどうみるか、などと時事問題を書き続けていたら、職員室（なんという響き!）に保護者呼びだしをくらい注意されました。時期も時期で内申書にはか

揆、大名同士の争い、忍者の群像を描く。一九六七年に大島渚が静止画モンタージュで映画化する（まったく面白くなかった）。『月刊漫画ガロ』（青林堂、一九六四—二〇〇二年）は白土の大作『カムイ伝』を掲載するために、元三洋社の長井勝一（一九二一—一九九六）が青林堂を興して発刊した月刊誌（『「ガロ」編集長——私の戦後マンガ出版史』ちくまぶっくす、一九八二年）。水木しげる『鬼太郎夜話』、つげ義春『ねじ式』も本誌で発表された。これを受けて手塚治虫の虫プロダクションから一九六七年に若手作家発掘のための月刊誌『COM』が発刊される（一九七三年まで）。いずれも倒産するが、当初からメディアで活躍する作家を擁した『COM』と異なり、『ガロ』は紙芝居、貸本文化を源流とする雑誌で異彩を放っていた。そのルーツの背景については加太こうじ『紙芝居昭和史』（岩波現代文庫、二〇〇四年〔立風書房、一九七一年〕）を参考。

かないが「おまえはほんまに悪ガキやの〜」と担任は職員室内に響くようにしかりつけました。ところが、なぜかその目が優しかった。他校から移ってこられて二年目の、受験科目でもない「技術家庭」を教えていた当時五〇代の男性Y先生。怒るフリをしながら、どこかで支えてくれていたようでした。

　でも、悪ガキは高校在学中も通常の受験路線から外れ、級友より先に社会にでて働くことを夢想します。ですがその前に、得意だった美術でその方面の大学をうけました。唯一の志望K芸大。一次試験（五教科筆記）は無事通過し、二次試験の実技（当時は四種）に進めました。ところがその前夜に「事件」がおきます。準備していたら、得意のデッサンに使う鉛筆がみあたらない。2Hから6Bまで複数のメーカーの一〇〇本ほどがケースごと消えました。あとになってもみつかりませんでしたので、今もって「神隠し」だったと思います。当日、普通の鉛筆を近所の文具店で買って試験に臨みますが、ショックで徹夜。目前のオブジェはかすんでみえる。新品の鉛筆も紙になじまず、でてくるのは虚ろな描線ばかり。立体構成や色面構成も駄目でした。結果、不合格。

　働く意欲もなく、私は親の温情で浪人生活をさせてもらいます。躁鬱めいた日々でしたが、受験勉強に身が入らない。「堕落論」を書いた坂口安吾（一九〇六―一九五五）の、当時手に入る限りの作品や書簡を貪るように読んだり、あるミュージシャンのアルバムを渉猟して聴くということを繰り返すうち、受験で選別されて画学生になろうとは思わなくなっていました。明確な目的もな

＊4
RS（The Rolling Stones, 1962-）は、ロバート・ジョンソン（Robert Leroy Johnson, 1911-1938）、ハウリン・ウルフ（Howlin' Wolf, 1910-1976）、マディ・ウォーターズ（Muddy Waters, 1913-1983）、リトル・ウォーター（Little Walter, 1930-1968）らアフリカ系の米国黒人のブルースに魅せられ、ロンドンで結成された五人編成の英国のバンド。ルーツはデビュー同時期のビートルズと同じだが、音楽業界のポップミュージックの商業戦略に左右された時期を経て現在もなお活動する。JJF＝Jumpin' Jack Flash（1968）は、黒人音楽に回帰したバンドが当時の世相にうちこむ楔となった。黒人音楽を真似てきたのに、その後、黒人歌手が好んで歌うオリジナル曲を提供した希有な白人バンドである。

く、翌春龍谷大学文学部社会学専攻（現社会学部）に入学します。仏門系の私大ですが実家は寺ではありませんし、ここで仏教を学ぼうという思いも皆無でした。

三つめは共に行動した人たちです。見守ってくれた人とも重なりますが、学部時代にのめりこんだモダンアートの仲間、火の気のない下宿から私をバンド活動にひきずりこんでくれた友人T。学部から留学するまでの七年間皿洗いのアルバイトをさせてくれた木屋町M二代目Yさん。Yさんは自分の愛読書であるマルクス主義哲学の本をどっさり風呂敷に包んでもたせてくれました。ポロック気取りで画布めがけてペンキをぶちまけ[*5]、みようみまねで演奏する身体運動と本を読むことは、何かを貪り食べるような感じでした。

そして龍谷大学で文化人類学を教えていたK先生、現在の職場で日本の東南アジア研究を推進していたI先生と出逢います。M・デュシャン[*6]やブルースの真似事に悶々としていた私は、奇遇にも同じ年に開講されたお二人の講義から、現代芸術や音楽活動に似て社会の制度の仕組や文化を、「真っ当な」世間の見方とは異なる視点で読み解く学問の存在と楽しみを知ります。K先生が講義で紹介したP・バーガーの著作（一九六七）はまだ翻訳がなかったので原著を図書館でみつけ、コピーした最初の洋書です。その前年に原著が出たTh.ルックマンとの共著（一九六六）と共に何度も読んで書き込みしました[*7]。常識 common sense が築く世界が、洗練された観念や思想の世界よりはるか

＊5
ジャクソン・ポロック（Jackson Pollock, 1912-1956）は、米国の画家。身体運動に応じて絵の具を画布や巨大キャンバスにドリッピングするアクションペインティングの創始者。

＊6
マルセル・デュシャン（Marcel Duchamp, 1887-1968）。仏生まれ。一九五五年米国に帰化。便器を『泉』とタイトルづけたオブジェなどの概念芸術を展開。

に裾野が広く未知の領域をなしているという基本テーゼは、じつに衝撃でした。
　だいぶあとに大学教員になってから遭遇したL・フェーヴルらの『書物の出現』に次の一文があります。

「おそらく、書物というものがそれ自体で誰かを説得し得たということは、かつて一度もなかったのである。しかし、説得することはないにせよ、書物とは自分の確信についての手で触れることのできる証しなのであり、この書物を手にすることにより、確信は具体的な形をとる」[*8]。

　そうした書物との出逢いは人を介したものでした。言葉にもならない、もやもやしたことを感じていることを、まるで代弁するかのようにして書物はあらわれました。私の渇望や求めていることは、すでに誰かによって経験されている。そんな感じです。小説や随筆も、そういう同じ人間としての経験に根をもつことは、誰かがことばにしているのだと思う、あの感覚です。逆にいうと、そこへ導いてくれた人々との邂逅と同じように書物との出逢いがありました。この経験がなければ、のちにタイへ行くことも、その住人と暮らしに学ぼうとすることもなかったでしょう。誰でもこの世に生き続けてきた人は職業や立場と関わりなく、それぞれの境遇と経験をもつ知識の集積体だ、という確信。そのことを誰もが客観的には示せないけれど、誰もがそれぞれの日常生活に軸足をおいて、より大きな社会や文化を担っている。そういうことに気づかされたように思います。

＊7　Peter L. Berger (1929-), *The Sacred Canopy: Elements of a Sociological Theory of Religion*, Doubleday, 1967（『聖なる天蓋――神聖世界の社会学』薗田稔訳、新曜社、一九七九年）、Peter L. Berger and Thomas Luckmann, *The Social Construction of Reality: A Treatise in the Sociology of Knowledge*, Doubleday, 1966（『日常世界の構成』山口節郎訳、新曜社、一九七七年（新版『現実の社会的構成――知識社会学論考』二〇〇三年））。

＊8　リュシアン・フェーヴル（Lucien Paul Victor Febvre, 1878-1956）、アンリ＝ジャン・マルタン（Henri-Jean Martin, 1924-2007）『書物の出現（上）』関根素子ほか訳、ちくま学芸文庫、一九九八年、二四七―二四八頁（原著 *L'Apparition du livre*, Albin Michel, 1957）。

## 魚は水を知らない、鳥は空を知らない

ただ、日々の暮らしの多様な現実に近づくのは、じつはたやすいことはではないのです。あたり前のようにみえていることが、一番わからない。他人の睫は見えても、あなたの睫は鏡がないと見えない。魚は水がなくなった水槽では生きられません。空がなかったら鳥は羽ばたけません。空気のようなことは、モノであれ人であれ、それがなくなったときに初めてみえはじめます。自分を生かしていたライフラインの根幹を知ります。

異国でのフィールドワークは、普段の暮らしで通じていたことができなくなる状況を、強制的につくるようなことです。見えるもの、食べるもの、感じることが大きくあるいは微妙に違う世界に身をおいて驚き、戸惑い（文化衝撃）、衣食住寝という人類共通の活動からその営みに慣れる過程を通じて、その異文化の中にも、自分が営んでいたような日常生活世界が、べつの形だけれども同じように展開されていることを知る。そういう経験から、自分の身心にしみついた癖や文化が、初めて浮かび上がるようにしてみえてくる。

ずいぶんな遠回りです。文化人類学での研究成果はその過程で得る情報やデータですが、フィールドワークそのものは、論文を書くための資料を探しにでかけていくことでは終わらないのです。自分にとって未知の世界に足を踏み

入れつつ、自分のことを考えはじめる。そして現場で考えはじめた自分を軸にして、再び外界をみつめなおす。そういう経験をすることなのです。

ある意味で、外へ外へと宇宙の果てに届くように、人類の叡智が競い磨かれてきた方向と逆向きの探求です。宇宙という外界に憧憬を抱く人類の多くが、じつは自分の足下がみえていない。自分が依ってたつ場所など、与えられたままのものとしてきたからです。石炭や石油などの地下資源にみるように、人類は足下にあるものを無尽蔵な資源としてみて思うままに消費してきました。オゾン層の破壊、地球の温暖化で、そうした行いが過ぎたものだったと気づきはじめます。宇宙をあおぎみながら、自分たちの居場所、その足下をみつめることは喫緊の課題です。地球の七割を覆う海も、宇宙と同じく未知な領域です。未知の世界を知るためにも、わたしたちが生きる日常の居場所や地域、そこに暮らす人間の営みをよりよく知らなければなりません（写真❹）。

写真❹
タイ語で「地域の文化は、人びとが生きる礎」と記す看板を掲げる寺院（アムナートチャルーン県ムアン郡テーパモンコン寺、二〇〇五年）。

## 2 ことばを習得する技と作法

### 人から学ぶということ

一度に何カ国もみてまわるというやり方もいいですが、時間が許すなら最低一年、できれば二年、同じ国に「暮らす」ことができれば人生の幸運です。単位や就活もあるのに一年なんてとても無理、という人もいるでしょう。でも状況が許すなら、そして自分にしかできないことをしたいと願うなら、ぜひやってみてください。一年で季節サイクルがわかります。また、サバイバルの片言外国語ではなく、読み書きをふくめてその土地のことばを学習するには十分な時間です。

そこに止まるためにも、そこを知るためにも、そこで流通する知識を入手しなければなりません。一九五の国を案内するLonely Planet社の旅行案内書が有名ですが、バックパッカー向けの日本の本も現地情報をよく調べています。こういうガイドブックがあると心強く便利です。でも情報が古くなっていることもある。毎年更新されていても出版までタイムラグがあります。その点、ネットでの情報は鮮度は高いのですが、本と違ってどこでも参照できるとは限らない。圏外や充電もできない環境でバッテリーが切れるとおしまいです。また、ガイドブックと同じく、ネットの情報はどれも他人が見聞したものです。書き手次第で見方や評価が異なることも多々あります。

とっておきの方法は、現地の人と知己になり、そこから情報を得る、教わるというものです。

学生なら、指導教員の大学関係者の知り合いなども紹介してもらえるでしょう。またそうした先生を介して違う専門の先生、さらには大学関係者以外の友人をもつことがたいせつです。現地の情報について複数の人、回路をもつことは、自分の居場所となる世界の凹凸や肌ざわりをより立体的に、そして確かなものにしてくれます。

そうした橋わたしをしてくれる人がいない場合は、身近なところでみつけましょう。宿泊場所で働く人、出入りする人は時間とともに顔見知りになります。また、食べないと死にますから、次は宿の近くの飲食店や雑貨屋。そんな見知らぬ者は怖い、と思う方もいるでしょう。こうした行動には、少しは会話ができ、相手の反応からその人物の感触をつかめるようなレベルが必要でしょう。いずれにしても、旅先で性善説をとるか性悪説をとるかは、でかける先の状況や自分の判断で決めるほかはありませんが。

## 暮らしのなかでことばを学ぶ

長期滞在できるなら現地語の習得を最優先課題としましょう。専門分野の知識や関連情報の更新を後回しにしてでも。「早く情報をつかまないと」、と焦る必要はありません。重要な文献はいずれ図書館でまってくれます。でもことばの習得は、身心が環境に馴染んでいくことと正比例します。[*9] 当初は成果がみえずとも、突然飛躍的なのびをみせます。だからただちに着手すべきことです。文化人類学者や研究者にならずとも、その経験は必ず大きな役割を長く果たし続けます。どこにでもいる専門家ではない、あなたをオンリーワンの存在にします。人文社会系の人がフィールドワークする場合は、読み書きもふくめてやることが課題です。「語学は苦手、英語さえ使えればできるので」という専門外の方にもお勧めします。英語だけでは掬いとれない世界が目の前に広がっているのですから。

大都会や地方都市に暮らすと、たいてい現地の語学学校か大学などでの外国人履修コースがあります。毎日宿題をどっさりだすところを選びましょう。ただ、やってはいけないことがあります。学校と下宿を往復するだけの生活です。学校で教わる語学は一般にフォーマルなものです。生きたことばは、学校と下宿の間で話されています。そこに身をおいて話す機会をつくり、学んだこ

*9
林行夫「文化＝身体知＝としてのタイ語」白象会60周年記念誌編集委員会編『白象の歩み――大阪外国語大学におけるタイ学60年』めこん、二〇一〇年、追補・教員回想。

とばを解凍するように生命をふきこむのです。一年といっても、あっという間のことです。集中して現地の時空間にどっぷりと身をつけることで、ことばを文化として習得できるでしょう。水をやってすぐに咲く花はありません。そこに生まれた稚児のように、自らをスポンジのようにして、同じことを繰り返すことを信条としましょう。

覚え立てのことばは呪文のようです。初めて使う瞬間はとてもスリリングです。発声してみる。多くの場合相手はきょとんとするでしょう。格式ばって、いきなり演説でも始めるように見えるのかもしれません。会話には、意味とともに、そのことばを発する相手との距離、空気感があります。おかしい、変だなと思った相手は、発音や使い方をなおしてくれるかもしれません。忘れることを恐れず、何度も失敗しましょう。習う、使う、忘れる。間違えることで身につける。忘れても間違えても、巷にとびかうことばのシャワーを毎日浴びましょう。下宿ではラジオを流しっぱなしにする。入手できるならテレビも会話の間合いをみるのに役立ちます。ものにならない段階から必ずおまけ?がついてきます。学校と下宿の間で習ったことばを実際に使い、誤りも指摘してもらう。そうするうちに知人、友人ができます。そこに生活する人から、辞書では学べないニュアンスをふくめたことばとその使い方を教わるのです。とても贅沢なことです。

現地語を使えば、わからないことを道行く人に尋ねることができます。情報を得る速さは何倍にもなり、語彙の量のみならず、情報の種類が飛躍的に増えます。町ゆく普通の人々が、歩く辞書、動く事典だと実感することでしょう。当地での国語力をもつことは国内を旅するときのセキュリティバリアにもなります。でも、現地のことばと人を介してもっとも驚くべきことは、日本語や欧米語の情報で知っていた世界とは、まったく色も風景も異なる世界が姿を現すことなのです。その世界に抱かれていくような感覚です。ぜひ、経験してください。

長期滞在は、多感で適応力が高くて若い、学生時代に経験するのがおすすめです。適齢期があるわけではありませんが、広く複数の国や地域をまわったり、文献を渉猟するという活動は年齢を重ねてもできることです。ひとつの場所にとどまって、煩わしい組織がらみの業務もなく、その土地のことばを生きた文化として集中的に学べる機会は一生に何度もありません。学生の時期一回きりかもしれません。それをやるとやらないでは大違いです。ぜひ優先してほしいと思います。

足下、つまり日常感覚に満ちたくらしの場所から上をみあげると、それまでいかに断片的で表層的な知識や情報で、自分がいる世界が見えなくなっていたかがわかります。上空で世界に流通している大文字の情報が、じつはその場所の現実を覆い隠してもいたんだ、というショックを伴う経験もします。そして上っ面だけみていてはだめだ、下からの見方や情報も加えないとたいへんなことになる、そう思うことでしょう。

## できあいの情報から離れてみる

ことばや文化を、生きている人から学ぶという基本型をもてば、それまでの教養知や情報に惑わされず、自力で現実の文化に近づけるのです。明治に入る時代、日本語を勉強するために（日本語の元になる言語という学問的には「正統」な理由で）中国語を先に勉強していたら、日本から送られてきた親書が読めない、こりゃいかん、とただちに日本入りした英国人外交官の例は重要な教訓です。[*10] 現代でも、タイの仏教はパーリ経典を使うのでパーリ語が理解できればタイの仏教はわかると思っていたら失敗しちゃったよ、と私に語ってくれた人類学者がいます。教養知が、現場で生きている文化に迫る壁となった悲劇です。彼はいそぎタイ語の通訳をつけて調査地にのりこみますが、そこはラオ語を母語にする東北地方の農村。バンコク出身の通訳がクビにもならず、かなり適当な英訳をしていたことは、今も古典的モノグラフと称賛される彼の初期の仕事にその痕跡をとどめています。[*11]

現地のことばの習得とは、その場所で人々がシェアする生きた知識を吸収することです。このあたりが日本人にはなかなかわからない。文明開化の明治以来、正統な留学といえば欧米の先進国にでかけて、そこの大学や高等教育機関

**＊10**
アーネスト・サトウ（Sir Ernest Mason Satow, 1843-1929）。幕末維新期の英国通訳官、外交官。一八六二年から一八八三年、一八九五年から一九〇〇年まで日本滞在。アーネスト・サトウ『一外交官の見た明治維新（上）』坂田精一訳、岩波文庫、一九六〇年、一四—一五頁（原著 *A Diplomat in Japan*, London, 1921）。

「そのころ日本でわれわれの任務の指導にあたっていた人たちの間では、日本語の勉強をするにはまずシナ〈中国〉語を習得することが必要だという考えが強かったので、同僚の通訳生R・A・ジェミーソンと私は、初めの数か月北京に駐在するこ

で書物や文献を読みうつすことと考えてきたようです。これは遣隋使や遣唐使の時代から中国に学んだ、文書で学んだことを継承する（書承）文化で、外国の知識を輸入してきた日本の歴史とも重なります。

現代の留学生でも大学図書館にこもる人は多いのです。知り合いは一握りの大学関係者のみで、文献のコピーに膨大な時間をかける。欧米に留学するそうした日本の大学人を皮肉る呼称に「ミスター・ゼロックス」というのがあります。[*12] 世界の情勢を動かす最重要の「情報」たるものはすべて書物や文書にある[*13]とみて、自分が今いるそこの現実、大学をとりかこむ社会や文化をそこに暮らす多様な人々に学ぶ姿勢をないがしろにしてきたことは否めません。しかし、これは改める必要があります。

人文社会系でのフィールドワークをする場合、自分がどのように現実に近づくか、事実の発見と確認ができるよう、自分なりの「構え」をつくる必要があります。人に話がきける環境、そして人が頭に描いていること、日々のくらしのなかの行いで表現していること、そうしたことは、初めてそこの時空間に身をおいてみえてくることです。あなたがそこに住んでいるときに手にできる情報は、そこに暮らす人からより多く与えられます。そして、そうした情報は、大学関係者で共有されている限定的な情報とは異質なものであることを知ることが大切です。

とを命ぜられた。」

「シナの首都に滞在中に、江戸から急便がとどいた。その結果、つぎのような次第で突然滞在を切りあげることになったのだが。その便には日本の閣老直筆の文書が封入されていた。ところが、それを判読できるシナ人は一人もなく、いわんや文書の意味を解することは及びもつかなかった。このことは、シナ語を勉強することが日本語の学習への早道であるかどうかの問題に、決定的な解答を与えるものだった。私は当時、シナ語の知識は日本語を勉強する者にとって役には立とうが、それが必要欠くべからざるものではないことは、ラテン語の知識がイタリア語やスペイン語を学ぼうとする者にとって不可欠のものではないのと同様だと思っていたし、今でもそう思っている。そんなことから一刻も猶予することなく、われわれは日本に向かって発足したのである。」

## 公式の言説はどう読まれているか、に着目する

次のステップは、すこし冷静さが必要ですが、異なる立場の人々から学ぶ癖をつけると、新聞や雑誌メディアの内容だけでなく、それがどのように読まれているかという別の情報がみえてきます。イスラームの社会なら、クルアーンはいつどこで誰がどのように、誰にむかって読んでいるのか。どの部分を強調しているのか、など。これは、その場にいあわせてこそ得られる情報です。文献の渉猟も労苦と時間を費やす学術の作業です。しかし、文書の記すことこそ事実とみなして、生の現実を正視しなくなる「癖」は、本に学ぶ書承の文化を学問や教養知としてきた日本人ならやりかねません。書かれたことを絶対視し現実の事象に学ぶことを軽視すると、滑稽なまでの事実錯誤を招くことがあります。[*14]

地域研究は、人びとの語りとともに、彼らの社会を記述する文字世界にもまたがるので、文献の研究も必要になります。ただ、文献重視の研究者に、「君らはいいよな、現地人と楽しくお話ししていれば論文が書けるんだから」といわれたことがあります。公的文書やその言説を研究対象にする人には、現地語の習得にあまり熱心でなく、フィールドワークの意味を誤解する人がたまにいます。現地語を使う研究者は、その習得過程の経験から、話されたことばをそ

＊11
タンバイア（Stanley J. Tambiah, 1929-2014）。*Buddhism and the Spirit Cults in North-east Thailand*（Cambridge University Press, 1970）は東北タイ農村での事例研究でありながら欧米の大学で長らく文化人類学の定番教科書だった。タイ語（翻字）に誤りが多い。これを批判して調査の価値を認めなかった人もいる。他方で、一般理論化を試みる議論の秀逸さを評価して、現地語は人類学に重要ではないとする研究者もいた（当人も現地語に習熟していないせいだろうか）。

＊12
「大英博物館や大英図書館に行って朝から晩まで読んではコピーを取っていて一言もしゃべらない日本人」のこと。http://www.abk.or.jp/asia/webasia/200111/200111-02-02.html（二〇一六年一一月二九日アクセス）。

＊13
堀栄三『大本営参謀の情報戦記――情報なき国家の悲劇』文春文庫、（一九八九）二〇〇七年。

のまま「真に受ける」わけではありません。生きていることばを、文字の字面をなぞるように学び使う人は、人が話したことを「文字通りに」受けとめがちです。

極端な場合、当該社会では決まり文句の冗談を、そのまま事実として鵜呑みにするようなこともあります。「どうやって子供ができるのと聞いたら、赤ちゃんは山のむこうから大きな鳥が運んでくるって。さすがは後進国、まだ神話の世界に生きているんだなあ」という感じです。*15 どこの社会でも、第三者との対話は常に両者の親密さの程度や社会関係がからむ相互作用、会話の流れのなかに生じます。尋ねられた人が精一杯もじもじと発することばも沈黙も、そうした文脈から読みとらなくてはなりません。

フィールドに入って間もない頃や、想定内の解を求めがちな報道関係者が陥りやすいこうした事態を避ける方法は、同じ問いを複数の人に繰り返すことです。立場の異なる人、男性と女性、高齢者と若者といったように。複数の見解を情報として聞くうち、また新たな発見ができます。生きたことばを習得することは、異文化に迫る第一歩であるとともに、文献にかかれたことを異なる角度からみつめなおし、さらなる学術的発見へ進む礎をもつことなのです。習得の経験を積めば、生きている文化をよりよく理解できるのです。

**＊14** 司馬遼太郎の文章。「宋の時代に大医がいて官許を得て初めて罪人の解剖をした。内臓をみたがどうも違う。陰陽五行説という大原理（漢方や内臓は五臓六腑であるという理論）に照らして違う。ところが現実の内臓は違う。この宋の大医は『この罪人はまちがった内臓をもっている』としてその解剖図をかくにあたっても、陰陽五行説に合わせて現実の解剖上の配置を変えてしまった」「その解剖図がずっと日本に来ていて、日本の漢方医の古典の一つになっていた」「ところが、あの蘭学者で解体新書を著した杉田玄白より以前に、カワウソを解剖していた山脇東洋（当時代表的な漢方医）がおかしい、と思い官許を得て粟田口で罪人を解剖する。彼は発見し狂喜する。現実は理念のようにはなっていない。理念よりも、この罪人の内臓の現実のほうが正しい、という。彼の著書『臓志』は、現実つまり物の前には理念というのはひっくりかえることがあるのだ、現実を理念で曲げることはできないというメッセージに満ちている」『司馬遼太郎対談集 日本人を考える』文春文庫、一九七八年、一七二頁。

# 3 野生の哲学——You are what you eat の洞察

## みられること——失敗こそフィールドワーク

ことばの習得は、フィールドワークでの濃密な時空間でより集約的に進みます。聞き取りをするときは、相手と自分との関わりや話の流れに気を配る必要があります。初めのうちはその場の空気などなかなか読めません。いわゆるKYです。現場はつねに混沌としているからです。それどころか、自分に巣食っていた行動パターンが無意識にでてしまい、対話にならないことさえあります。

タイに住み始めて四か月、カメラと緑の野帳、カセットレコーダをもって「さあ調査だ」と意気込んででかけたのは、バンコクの少し北、首都近郊のパトゥンタニー県のD村でした。当時通っていたタイ語学校の先生の実家です。タイでは若い男性が一時的に出家する慣行があります。俗人から僧侶になる儀式（得度式）があるときいてお邪魔させていただきました。この村の住民はモーン族というミャンマー側に大きな集団をもつ人々の末裔で、伝統的な得度式を保持しているといわれていました。

＊15 二〇世紀初めにビルマのナムカン地域のシャン（タイヤイ族）のモノグラフを残した女性人類学者ミルンが同じことを指摘している。一〇〇年たっても人間は進歩しないということか。Leslie Milne (1860-1932), *Shans at Home, with two chapters on Shan History and Literature by the Rev. Wilbur Willis Cochrane*, John Murray, 1910.

与えられた二年間の留学中、最後の一年は農村に定住する計画でしたので、初年目は語学と大学院での授業とともに、その合間の数週間を使って土地勘を得るための地方旅行をはさむようにしました。この村への訪問は、のちの地方旅行や定着調査に備えた最初の調査実習のようになりました。村の人の母語はモーン語ですが、すでにタイ語も話し読み書きできるバイリンガル。三泊しましたが、四か月をへて少しは向上したかと自信を得ていたものの、私は村人との対話がほとんどできませんでした。

得度式はタイ社会で特別に重要な儀礼です。出家する当人はもちろん、その両親や知己、儀礼に参加する人にも功徳が授かる。すでに大勢の人が集まっていました。ただでさえ暑さで汗がふきでるのに、所持品をなくさないかとはらはらしながら、冷や汗でもだくだく。首からカメラ、腰にカセットレコーダ、肩からバッグをぶら下げ、手にペンと野帳をもつ私に、人がたえずかけよってきます。「そのカメラみせてよ」「こっちも撮って」というおねだりから、仕草で「荷物もってあげるよ」、!XYZ?!? と意味不明の大声を発する人、人人。「あ〜、はい、あとでね」「カバン?・大丈夫」などと断りを入れる一方で警戒し、目前の儀礼にまったく集中できない。「あれはなに?」「これ、どういう意味?」と私が発する問いは、祭りの喧噪がかき消して誰にも届かない。もうパニック状態です。ぐったりしているとまたおねだり組が。〈なんだよ〉とにらみつけていました。

写真5

タガメ。見た目はこわいが、卵は独特の風味があって慣れるとやみつきに。

湿度が高い畑作の村でした。儀礼が一段落して誘われたのは、水の流れもない泥状の黒い池。そこで歯を磨き、同じところに身を沈めて水浴しました。そして参集者をもてなす薄暗い小屋へとおされました。そこには大皿にもられたタガメ（ごちそうです）（写真❺）や豚の頭が並んでいました。私をみつけ、すでに座を占めている酒臭い人たちが質問を浴びせかけます。退屈させまいとしてくれたのでしょう。しかし疲労が舌にまで回っていたのか、へろへろになっていて会話にもなりませんでした。

専門用語で「参与観察」という語があります。文字どおり、私は儀礼に参加して、儀礼を見にいった。得度式といえば日本人は静謐なイメージを思い浮かべます。それが現場では異様なほど喧噪に満ちた祭事。この事実を知ることもたいせつです。でも、それ以上に痛感したのは、穴があくかと思うほど人々が自分をみる、視線にさらされるということです。まさに参与「被」観察。見にいく現場でじつは見られる。「まなざしの地獄」（見田宗介）、「地獄とは他者L'enfer, c'est les autres」（サルトル）といったことばが浮かび[*16]、暑さと人いきれで酸欠状態だから地獄以上の煉獄だ、などと心中で叫んでいました。さらに、こちらが聞くこと以上に、何倍も聞かれるということ。調査でことばを発する現場のカオスを初めて体感し、余力も尽きた失敗談です[*17]。でも、誰もが最初は初心者です。めげずに場数を踏んでいけば、混沌としていた世界も少しずつ透明になっていきます。

＊16　見田宗介『現代社会の社会意識』弘文堂、一九七九年（初出『展望』一九七三年）、サルトル（Jean-Paul Charles Aymard Sartre, 1905–1980）「出口なし」（Huis clos, 初演一九四四年。『サルトル全集8　恭しき娼婦』伊吹武彦訳、人文書院、一九五二年所収）。

＊17　村人が買えない高価なカメラやフィルム、カセットを使う私は、同じ生活世界の住人でないことを自覚せぬまま、求められる行いに疑問を感じたことなど、人々が見る自分を知らぬまま怒っていた。こうした「失敗」については、林行夫「不純にして健全な……――タイ仏教徒社会におけるカネと功徳」（小馬徹編『くらしの文化人類学5　カネと人生』雄山閣、二〇〇二年、一五二―一七八頁）を参照。

その後も、首都近郊でこうした短期訪問をし、やがて北、東北、南部の地方へと足をのばしていきました。訪問先や出先であう人など、大学で増え始めた友人の学生に紹介してもらうのです。地方への移動は、エアコンなしの路線バス（俗称で赤バス、写真❻）を使いました。運賃が何倍もする地方路線の冷房バスは快適だが窓が開かない。空調が故障すれば、走る地獄熱の棺桶だ、[*18]赤バスならその心配は無用、おまけに窓から写真もきれいにとれる、といわれたからです。

ただ、使ってみると赤バスの運転手は総じて操車が荒い。幹線道路で追い抜かれた車との競走に興じることもしばしば。窓にふきこむ砂塵まじりの風圧も強烈、レンズを傷つけるのが心配で、停車時しかカメラが使えません。乗客の要望（多くがトイレ）でひとけのない所で途中停車することも多い。これは融通がきくので好きでしたが、その隙をねらって窃盗団が乗り込みかけたことがありました。不安と埃だらけの道中が常でした。

行く先々で失敗しました。進入禁止の看板を確認せず、ラオス国境近くのUダムに足を踏み入れたとき、背後から警備隊に発砲された時は心臓が潰れる思いでした。また、行く当てがなく、降りた停車場に押し寄せる人力三輪車の真っ黒な運ちゃんに声をかけられ、町外れの彼の家で泊めてもらったものの、翌日の交通手段がなくて路頭に迷うとか。今のタイは地方交通網も発展し、スマホで地図も使えるので、もはや起こりえない失敗です。当時の私は、思い込みによる見当違い、予測不能な状況や失敗を未然に防ぐ方法などないこと、む

写真❻

「赤バス」。空調なしで窓全開。暑いが動きだすと汗は風と砂塵ですぐかわく。

＊18
この助言を得た十数年後、高名な社会思想史家を東北タイに案内した際に、現実のものとなった。共に汗だくになった動く灼熱棺桶の経験は、彼にはタイ社会を厳しくみなおすものとなったようだ。今村仁司（一九四二―二〇〇七）『タイで考える』青土社、一九九三年。

しろ失敗こそ想定外の情報や新たな知見に導くという経験則をもち始めます。開きなおりではなく、フィールドワークとはこうした失敗に終始する学びの過程であって、いかに失敗＝学習をうまく重ねるかが重要です。想定内のことばかりで終わるなら、それは調査ではないとまでもいえるでしょう。

## 定着調査で「たべる」——Scrap & Build

短期の訪問調査と異なる長期定着調査の特徴は、そこの住人になることです。東北地方の稲作を生業とする村に住まわせてもらうために、私はある家族の息子となり家屋の所有者や村長が認知するコミュニティの一員になるという手続きを経ました。これで不信人物ではなくなる。そこから国語のタイ語をベースに、その村での母語（ラオ語。東北タイ語）を教えてもらいながらの暮らしが始まります。すぐ気づくことは、当初は互いにニコニコしていても、村の誰とでもうまくやれるわけではないということです。

長期定着では、ことばの習得もさることながら、下宿先の家族や村内の人と共に食事することになります（写真⑦）。したくても孤食はできません。入村して間もなく、取り囲む何十人もの村人の視線をうけながら、日本でみたこともない巨大なタニシの「刺身」を口に運んだとき、大喝采を受けました。「おまえ、食べることができるのか、わたしらと同じだ、仲間だ」と祝福されてい

写真⑦
下宿先の「両親」と食事を共にする。共食は社会紐帯の基本であり、専門領域に関わらず、フィールドを意識した研究者にとっては、現地での調査には不可欠な営みである（一九八三年二月コーンケン県D村にて。右から二人目が筆者）。

るように感じました（生のタニシは危険。真似しないように）。食材は村人と同じものでしたが、きつかったのは三、四月の暑季です。タケノコが主で、ノネズミ（ごちそうなのです）（写真❽）や一見おおきめのシジミにみえるフンコロガシ、巨大なカゲロウ。昼の定番は、種ばかりで果肉が少ししかない、ピンポン球みたいな野生のマンゴーと餅米でした。五月から雨季にはいるとカエルや川魚など、タンパク源が増えます（写真❾）。それまでの渇きも癒やしてくれる雨水の恵みを、全身全霊で感じました。共に食事をする度に親密さは増します。ことばのニュアンスやマナー、村内の人間関係もみえてきます。

定着調査当初の困難は、食事の慣れ、プライバシーが保てないことや人間関係でしょうか。そして焦りです。思うように調査が始まらない。二ヶ月を過ぎるころ、「調査なんてどうでもいい、まずここで生きることだ」と開きなおりました。村人に誘われるままに、田植えや魚とり、野菜の水やりにでかける（写真❿）。一緒に井戸を掘り、若者組の遊興につきあう。あとになってわかったことがあります。こうして生活の諸局面に関わるうち身心が適応してい

写真❽

「今晩はこのノネズミよ〜」。人々は家屋に棲息するイエネズミは決して食べない。

写真❾

タイ東北部の農村の食事。右からグリーンパパイヤのサラダ、インゲン、タケノコ、サラダ、カエル、モチゴメ。手を使って食べる。

写真⑩

き、当初想定していた研究の目的や課題がいったん崩落するのです。すると、「仏教」「宗教」という既存の定義や枠組みから離れて、目前の寺院や出家者をその場の生活者の視点から捉えるようになる。つまり、暮らしのなかで仏教が占める位置が見え始めます。同時にさらに大きな発見もします。それは、調査や研究は、日々を生きるという厳粛な営みの大きさに比べれば、とても小さく限

雨水でうるおった土を水牛で耕し、人の手で植える。ほとんど機械化されてしまった日本の農村では見られない光景。ともに汗を流すことで、肌身の感覚としてフィールド世界が理解出来る。

定的で特殊な営みだという事実です。

ことばを習熟するにつれて想定外のことにも巻き込まれます。そのたびにかなわんなあと思いますが、こうした村のなかでの問題や隣人どうしの葛藤に直面することは、かえって村の社会のなりたちや政治的な力関係がみえてくる。苦渋に満ちた決断を迫られたことも一度ではありません。[*19] 結局は、誠心誠意考えて、自分ができること、できないことをはっきりさせることがその後の新たな関係の構築に向かうようです。「雨降って地固まる」式で次の段階へと進んできたように思います。

色んなものが身体に入るせいでしょうか、六月前後に風土病にもなりました。宿した寄生虫が七種類。駆除はしましたが、いくつかは休眠して共存するといわれました。のちに私はタイを足場にして、冷戦体制が終息した一九九〇年以降は、タイと国境を接する中国雲南省、ラオス、カンボジア、インドのアッサムに住むタイアホムの集落も訪れて仏教実践を見聞する機会を得ました。それもこれも、一九八三年に定着調査をしたその村で寄生虫とともに身体の一部となった知見が原点となったから、と本気で思っています。

*19 国から下りる開発援助資金の配分や二つ目の寺の創建をめぐって村民の意見が二分されたときなどに、意見を求められた。親しいがために不法就労の相談も受けたりする。林行夫「異文化の壁、かかわりの壁」（『月刊みんぱく』一五巻四号、国立民族学博物館、一九九一年、一五―一七頁）。

## 日本人はアジノモトでできている?

季節ごとの食材をとりながら、なにより人は食べてきたもので認識されることを知ります。ペットボトル水もなく物流が現在ほどではなかった頃、村の住民から「これ、食べるか、食べることができるか」「日本にはないのか」といったことから、「日本ではなにをいつ食べる、どんなふうに調理する?」とたいへん具体的に聞かれます。最初に教わった村内での朝のあいさつも「ごはん食べたか」です。食べたよ、と返事されたら、「なにをおかずにした?」と続けていうように教えられました。

　のちに、隣りの国ラオスで先住民の集落を訪れたとき、食について似たようなことを経験します。研究者の記録や役所が登録する民族名は、仲間内の会話ではほとんどでず、香りがよくておいしい陸稲をつくる「かれら」、甘いトウモロコシを栽培して食べる「連中」、干して美味い肉の鹿をハントする「狩人」などと、収穫する作物や品種、普段食べている主食、そのよしあしなどで近隣の異民族を識別しているのです(写真⑪・⑫)。別の文脈ですが、西洋人はパンと乳製品と肉でできているという見立てもありました。意外なことに、日本人がコメをつくって食べていることを知らない(逆もま

写真⑪

写真⑫

グローバリズムが、世界中の風景を一様にしてしまいつつある中にあっても、食の地方性は厳然として存在する。人々は、収穫する作物や品種、普段食べている主食などで近隣の異民族を識別する。食は世界を知り、世界を捉え直す、最適の入り口である。

たしかりですが）。今ではそういう人は減りましたが、日本の化学調味料が当時の農村に広く出回っていて、その商品名はミフネ（三船敏郎）、トヨタ、クボタとならんで住民が知る数少ない日本語でした。日本人としるや「アジノモト！」と叫ぶ。つづいて「おまえの身体は味の素でできているのか」といわれたものです。

　食べるもの、口に運んできたものが身体をつくっているという見立ては、奥深い洞察をふくんでいました。食材は常に身体の外にあります。外のもので体内にとりこまれるものが、内側から身体、その人をつくっていく。ときには食あたりもする。人は外界と関わることが避けられない生きものということです。そして、知識を学ぶこともまた、食べる行いにたとえられます。知識は身体の外、外界にある。その外界には見知らぬ他者もいる。食べものと同じで、自分の身体を養うものこそが必要とされる、身体に適合する知識なのです。「おまえは学生、たくさんの知識が体のなかにつまっている」と。

　宗教儀礼には会食がつきものです（写真⑬・⑭）。僧侶と寺にお布施をして

写真⑬

仏教儀礼での会食の様子（入安居。カンボジア・プノンペン、一九九四年）。

写真⑭

供物を準備する（入安居。タイ・メーホンソン県、二〇〇四年）。

図❶

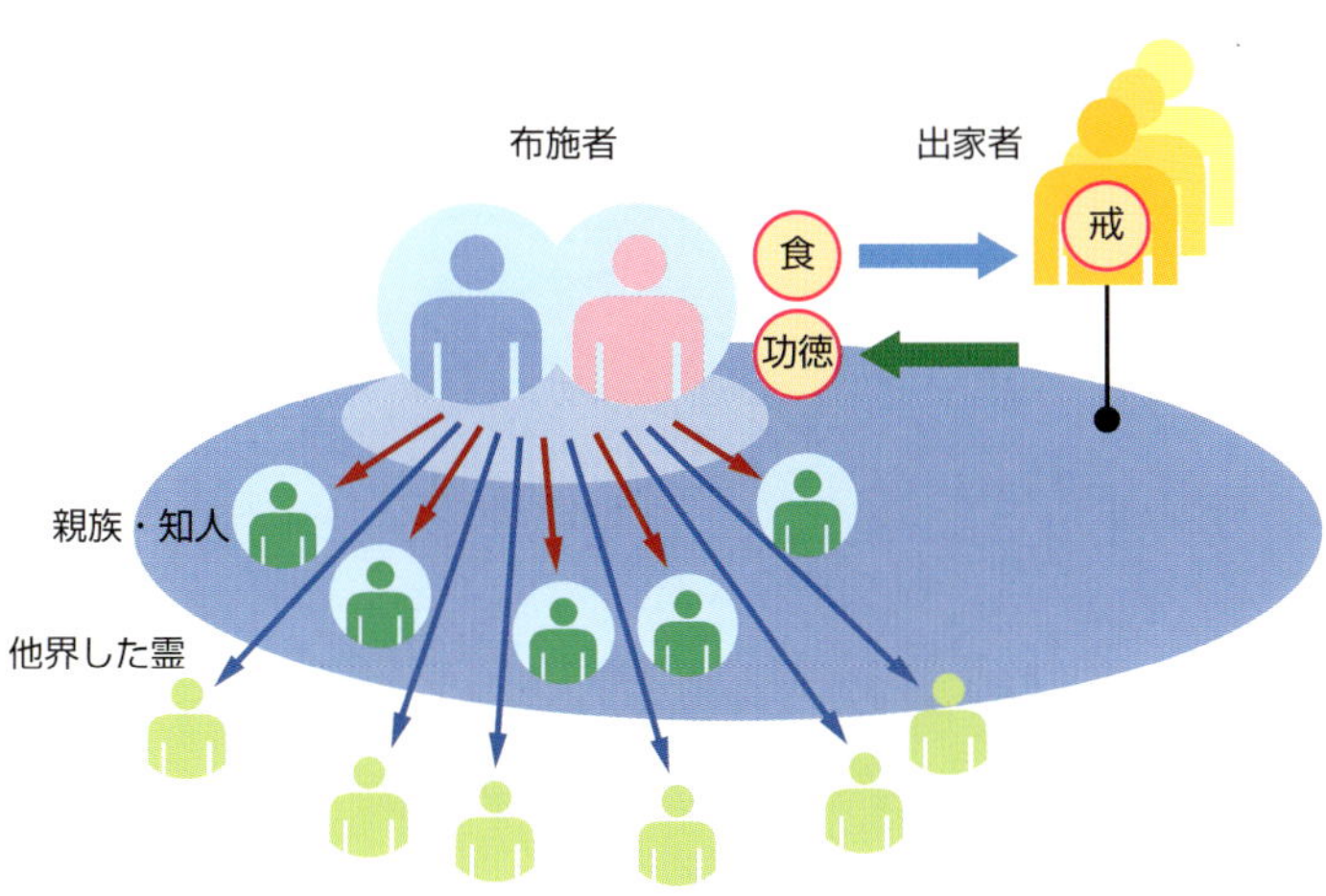


食を通した布施と功徳。戒律によって自らは調理できない出家者に食を提供することで、布施者は功徳を得、会食を通じて親族や知人に、そして他界した祖霊に功徳をシェアする。

得られるのが功徳（*punna* [Pali]）です（図❶）。功徳を積んで食事をするとき、人は「功徳を食べる」といいます。善果を意味する功徳は、コメをつくり食べる暮らしのなかで読み替えられ、体内にとりこむ食をミニマムにする実践を担う出家者と、自己と他者の再生を願う在家者を結びつける。それぞれの立場で「食べて繋ぐ」といえばいいでしょうか。[*20] さらに出家者は二二七もの戒を、それを守り続ける先輩僧から授かって僧侶になるのですが、その戒もまた、先輩僧の身体にあるものを自分の身体に鋳込まれるものとみなされます。食べる

＊20
林行夫『功徳』を食べる人びと——東南アジア仏教徒の宗教と食」南直人編『宗教と食』ドメス出版、二〇一四年、一五五—一七六頁。

という営みから、環境と身体、外界の他者との繋がり、器としての身体という考えがみえてきます。

のちに私が他の村や隣国での見聞を重ねて確信し始めるのは、東南アジアの仏教は、身体を養う食事と同じ働きをする宗教という見立てです。農民も王様も、貧者も富者も、同じようにこの営みは欠かせない。この当然の事実からも世界は違ったかたちにみえてきます。

## 4　身体としての、実践としての知

### 似て非なるもの——東南アジアの仏教

仏教徒とは、時間、季節のサイクルにそって実践（行い）を繰り返す人々のことでした。日々は朝の托鉢《たくはつ》で明けます（写真⑮・⑯）。寺をでた僧侶たちは鉄鉢を抱えてその日の食を得るために村をまわります。家の軒先で待ち受ける人々は履き物を脱ぎ、用意した米飯や副食をその鉄鉢にいれてから手をあわせます（合掌）。もらうほうは黙したまま。僧侶を養う食の施し（布施）にして、施主が功徳を得る行い（積徳行）だからです。世俗社会は人間どうしの交換関係（互酬性）でなりたっていますが、僧侶はその関係を断った存在だからです。御礼をいわない修行者に施して生じるのが功徳、という行いです。

托鉢に応じる食施が毎日のことなら、次は二週に一度めぐってくる新月と満月の日（仏日）での行いです。僧侶にとっては自分が守る戒を、過去二週間過ちなく守れたかを改める日ですが、俗人は寺にこもって五つないし八つの戒を受けて持戒行に励みます。そして、月平均で一度は開催される年中仏教祭事が

写真⑮

新月と満月の夜（布薩日）に、遵守する二二七条の戒を布薩堂で互いに改め合うパーティモークを行う比丘（僧侶）たち（ラオス・ルアンパバーン県、一九九二年）。

写真⑯

朝の托鉢。寺をでた僧侶たちは鉄鉢を抱えてその日の食を得るために町や村をまわります。家の軒先で待ち受ける人々は、履き物を脱ぎ、用意した米飯や副食をその鉄鉢にいれてから手をあわせる。僧侶を養う食の施し（布施）から、施主が功徳を得る積徳行である（南ラオス・パークセー、一九九一年）。

あります。人々は、村をあげて食事や布施の品を準備して参加します。戒と布施をベースにした実践を基軸にして、一日、一ヶ月、一年が過ぎていくようにみえます。

タイで最貧の地域とされる東北地方には、全国の登録寺院の半数近くがあります。寺院を造ることも、出家さえも積徳行。功徳を介して人々の身体と暮らしにしみいる仏教。日本人が思い描く宗教のイメージとはおおきく隔たっています。

ここでタイや東南アジアに広がる仏教の輪郭を描いておきましょう。あらためて学術用語でいうと、この地域の仏教は「長老の教え」を意味するテーラワーダ仏教、上座仏教、南伝上座仏教です。日本人は一般に小乗仏教とよんできました。この名は後におこった大乗仏教が出家者の自力救済だけを求める利己的な仏教としてさげすんだ名称なので、近年の研究者は使わないようにしています。

現在の東南アジアの上座仏教は、一一世紀から一四世紀にかけてスリランカの一派（マハービハーラ。紀元前二四〇年頃成立）由来の戒を継承するかたちで広まりました（写真⑰）。経典のことばはパーリ語です。大乗仏教は、サンスクリット語、漢語の経典で西域、中国、韓国経由で日本へと伝わっています。あとで詳しくみるように、同じ仏教といっても、上座仏教は日本にたどりついた大乗仏教と別物といってよいほど違います。両者を区別するとき、釈迦と阿弥陀、自力救済と他力救済、経典の伝播経路の違いなどがあげられますが、それだけでは説明し尽くせないものがあります。

上座仏教に世襲の僧侶はいません。僧侶は誰もが元一般の俗人です。長く僧侶をしている人からその戒を受けて僧侶になります。二〇歳以上の男子は二二七条の戒を授けられて比丘（僧侶）に、二〇歳未満なら十戒を受ける見習

写真⑰

スリランカの古都キャンディの上座仏教の聖地「ダラダー・マーリガーワ寺院」。仏歯を安置する世界遺産（二〇〇一年）。

僧（沙弥）となります（写真⑱）。戒は、生きものを殺さず、生存に必要なものを必要最小限にする禁止事項のようなものです。「苦」の根源となる執着（煩悩）を絶つかなめです。虫も殺せないので農作業や調理もしない。食事は在家者の食施にたよる。正午を過ぎてから食事はしません。飲酒も性交もしない。つまり食と性の欲望や執着を絶つことが修行の基本。現代の消費社会のグルメ族の真逆をいく暮らしです。

タイでの登録寺院数と出家者数の推移（1958-2010）

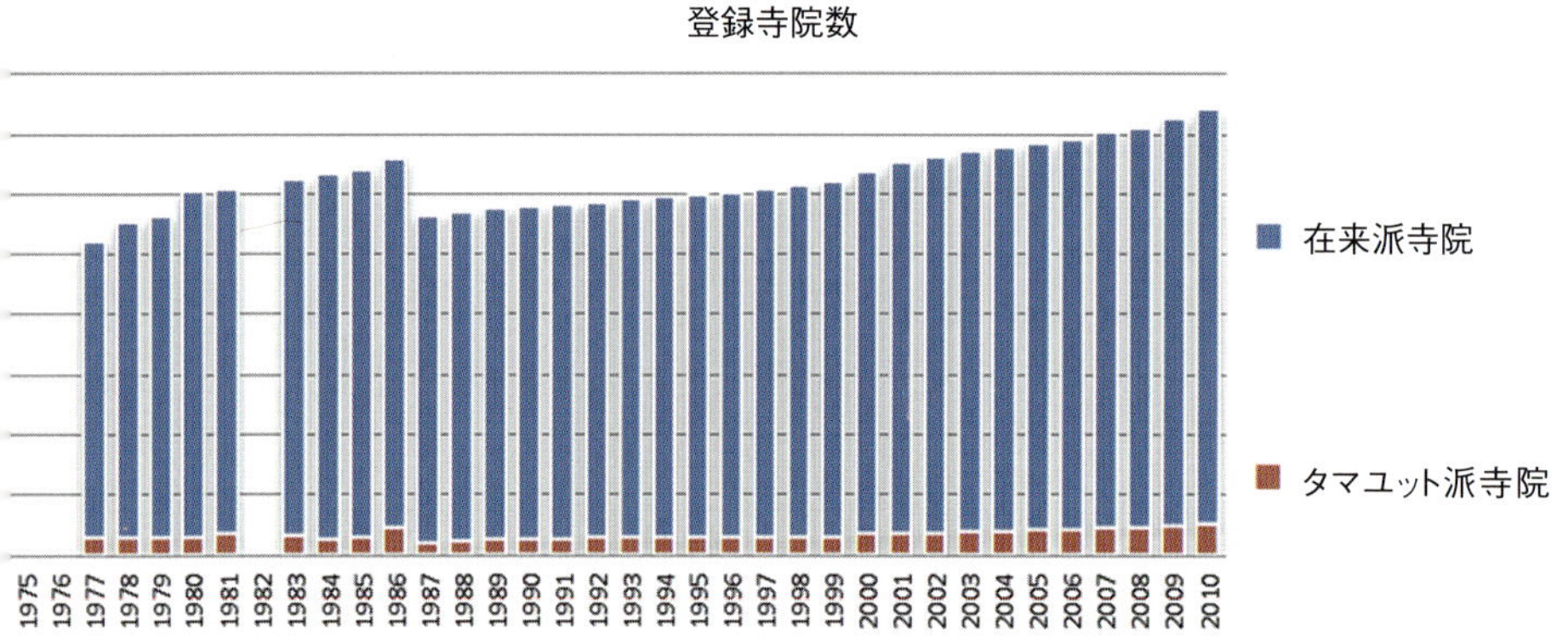


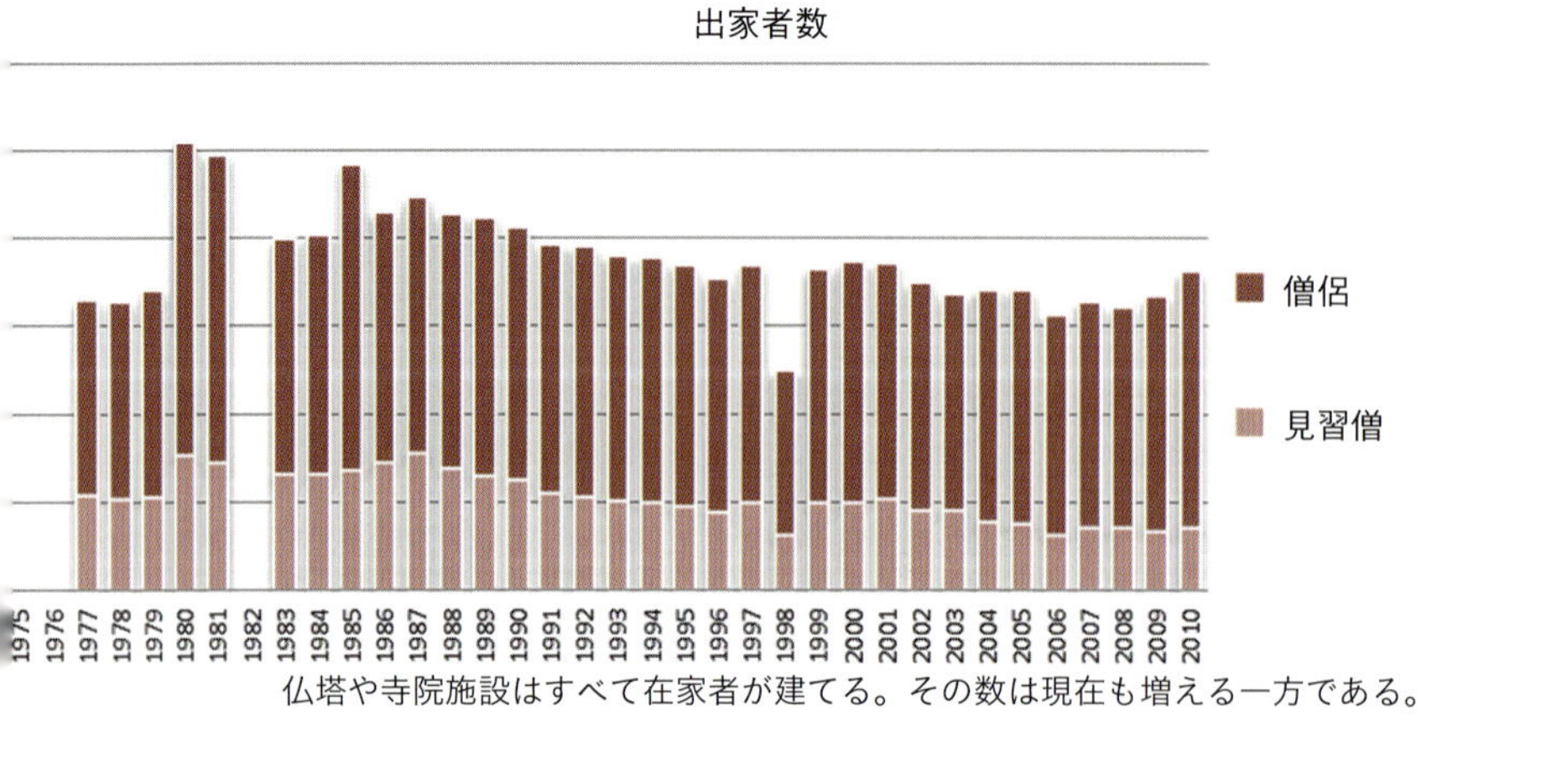


仏塔や寺院施設はすべて在家者が建てる。その数は現在も増える一方である。

血気盛んな若い男子には大変な苦行でしょう。でも、だめだ、我満できない！　となれば、もらった戒をぬいてもらって（捨戒）俗人にもどれるのです。

逆に、一時的に僧侶になるつもりが、これは自分にあう生き方だ！　と思えば、そのまま僧侶でいてよろしい。生涯を僧侶で終える人もいる。僧侶は職業ではないのです。義務教育や高等教育を受ける人口が増えた近年のタイでは、全国の人口増に比して生涯僧侶の数は減少していますが、一時出家慣行はまだ盛んです。また、寺院に納骨する地域は増えましたが、もともと一般人に、王室がもつような供養を担う菩提寺（家族の寺）はありません。仏塔や寺院施設はすべて在家者が建てる。その数は現在も増える一方です（図❷）。

俗人が自ら出家し、自ら寺を建てて出家者を供養する仏教。僧と俗人とが社

図❷

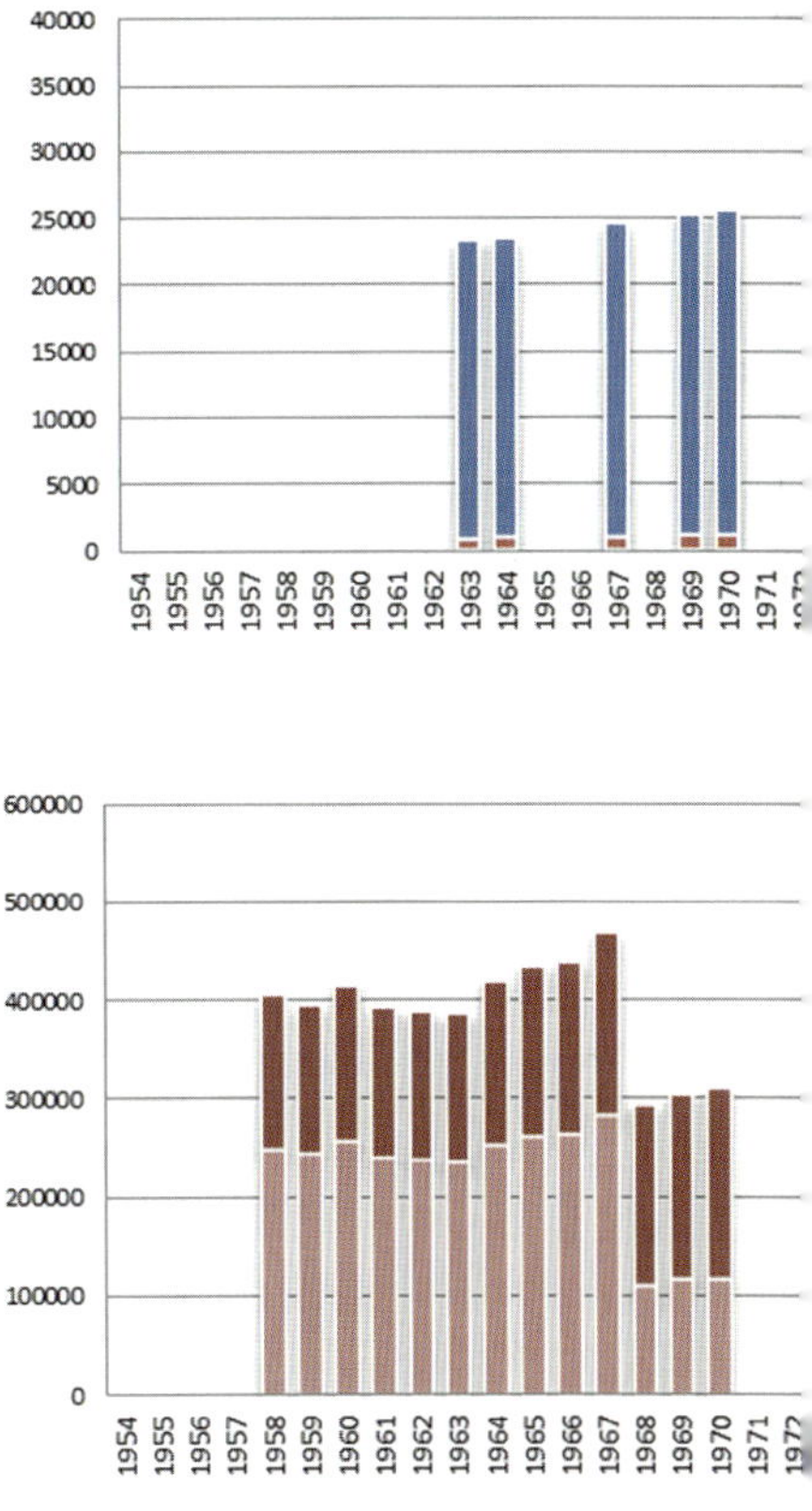


写真⓲

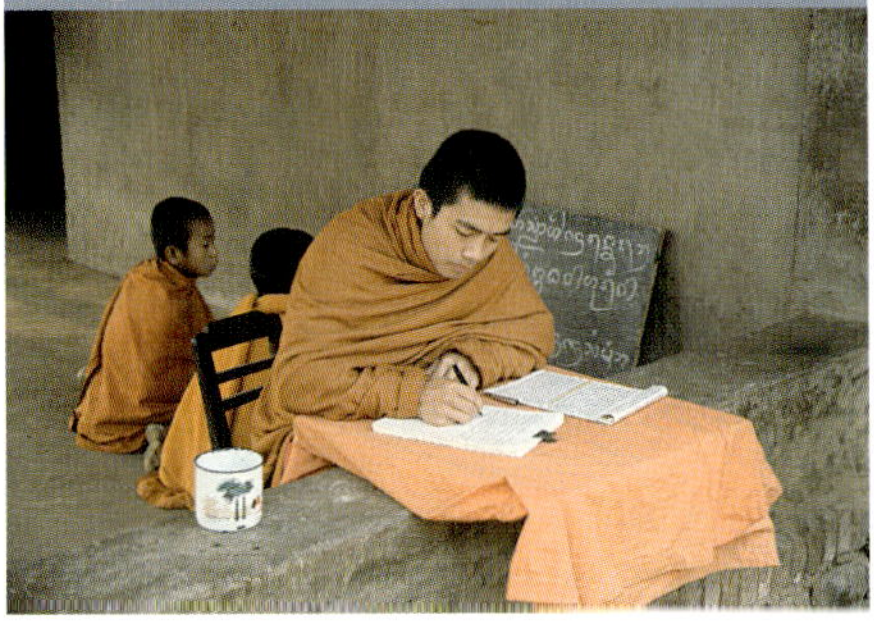

学ぶ見習僧たち。二〇歳以上の男子は二二七条の戒を授けられて比丘（僧侶）に、二〇歳未満なら十戒を受ける沙弥（見習僧）となる（中国雲南省西双版納、一九九〇年）。

会で一体化しているような仏教を信奉するタイ人は、日本を訪れて日本人は本当に仏教徒？と驚きます。「そうですよ、観光名所の寺院は多いし、死んだら寺の墓に入るし、文学は仏教の影響をうけたものも多いし『出世』『修羅場』など仏教起源の用語も日常語になっている。だから生活のすみずみに行き渡って……」と説明しても、日本の真宗のように、妻子がいて日に三度食事して酒も飲む有髪の僧侶は、タイ人にとっての戒を実践していないですから、僧侶とよべない。父親が僧侶だからその息子も僧侶になるというのは、タイ人仏教徒にすればまるでＳＦか、奇怪にして理解できないホラー映画のようなことになるのです。では上座仏教にとっての戒とは、どういうものなのでしょう？

## 身体を介して継承・実践される戒――知識と行い

文字とことば。ネットやメールを使っていると、文字＝ことば、と思いがちです。しかし言語学者はいいます。ことばのほうが文字より先にあった。人類史では文字が生まれたのはごくごく最近のこと。文字は人間がことばにあわせて意図的に作ったもの。本質からいうと文字はことばそのものではない。いま話しているもの、聞いているものこそことばです、と。[*21] さらにいえば、人類史上世界に約四〇〇〇を数えるといわれる言語にたいし、文字をもつ言語は現在使われなくなったものを含めても三〇〇以下です。[*22]

＊21　まちだかずひこ［町田和彦］「文字ってなあに」『Pieria』二〇一四年春号、東京外国語大学出版会、三五頁。

＊22　風間喜代三『印欧語の故郷を探る』岩波新書、一九九三年、二頁。

東南アジア仏教徒を研究して、文字こそ文化のかなめという思いこみに気づきます。上座仏教の経典は、現在でこそビルマ語やタイ語など、それぞれの国語の文字で記されていますが経典のことばはパーリ語です。パーリ語には固有の文字がありません。声＝音で伝承されてきたのです。この点では、世界の誰もが同じアラビア文字の聖典をよむイスラーム、同じ仏教でもサンスクリットや漢語の経典を祖師ごとにうみだしてきた大乗仏教と異なります。その音を民族、国語の文字におきかえる翻字を経た三蔵経典ができるのは、一九世紀以降のことなのです（写真⑲）。

文字で記された経典（テキスト）があって実践がある、という見方は文字の読み書き能力（リテラシー）の文化を重視する近代の教養知に由来するものです。[*23] 上座仏教では発声という行いがあって経典が生まれている。これは、詩や音楽など他の文化についてもいえることです。楽譜があるから音楽が存在するのではなく、空気をふるわせる音（唄や演奏）があって、楽譜はそのあとに記される。この過程で編纂もされるので、書かれたものは、行いの連鎖の一部をきりとったもの、とさえいえます。

声で伝えられてきた上座仏教はある特徴を保持します。それは、仏教のかなめとなる戒の伝授です。戒はそれを実践し続ける僧侶がいて継承できるという点です。書かれた経典が届いて伝わるのではなく、それを実践する生身の僧侶が現前して、いわばライブで伝える。戒を守り続ける人がいないと戒は途絶え

写真⑲

上座仏教の経典。現在でこそ、ビルマ語やタイ語などそれぞれの国語の文字で記されているが、そのことばはパーリ語で、パーリ語には固有の文字がない。つまり、あくまで声＝音で伝承されてきたのである。

＊23 Walter J. Ong (1912-2003), *Orality and Literacy: The Technologizing of the Word*, Methuen, 1982（ウォルター・オング『声の文化と文字の文化』桜井直文ほか訳、藤原書店、一九九一年）。

るのです。

東南アジアへの上座仏教の輸出元であるスリランカでは、長い間に幾度となく盛衰を繰り返します。一五〇五年に、スリランカはシナモンの独占交易を求めるポルトガルの植民地になります。続いてオランダ、英国の統治下におかれますが、オランダの植民地時代についに戒統が途絶えます。僧侶がいなくなったのです。戒を日々守り続ける僧侶がいないと新たな僧侶はうみだせません。そこで一七五三年にかつて自らの戒を受けて継承していたタイの僧侶を招いて戒を復興させます。これが現在スリランカでの主流派（シアムニカーヤ）です。のちにミャンマーからも僧侶を招いて戒をもどします。この伝持方法は近現代でも同じです。宗教信仰を禁じて僧侶が消えた文化大革命時代（一九六六―一九七六年）の中国雲南省の仏教徒は、タイやミャンマーから、そしてポル＝ポト政権下（一九七六―一九七九年）で仏教信仰が途絶えたカンボジアでは南ベトナムのクメール人仏教徒から、それぞれ同じようにスリランカの戒統を継承する僧侶を招いて戒の授受を復興させてきました。＊24

戒を実践し続ける僧侶がいて戒は継承されるということは、実践＝行いの重視とともに、知のあり方も示唆します。なにごとかを学ぶ、習得するということは、自分の外にある別の身体に宿る戒（知識）を自分の身体にとりいれる、日々の行いを通して、自分の一部にしていく知識という見立てです。先に述べた、食べるという営みの見立てと同じです。

＊24
林行夫「東南アジア仏教徒の世界」奈良康明ほか（編集委員）／林行夫（編集協力）『新アジア仏教史04 スリランカ・東南アジア』佼成出版社、二〇一一年、一九―六二頁。

上座仏教では出家してからの時間を重視します。実年齢ではなく、受戒して得度した日時のわずかな差でも、僧侶として戒を守り続けた年数（法臘）で先輩と後輩を分ける。つまり経験年数で長幼の序ができている。そしてこの年数は、寺院の責任者や、これから出家しようとする者に戒を授けることができる立場（授戒師）の資格の年限にもなっている。こうした経験重視の原則は、出家者の集団（サンガ）の約束事ですが、個人の経験知を重んじる世俗社会のありかたとも連動していることに気づきます。

　同内容のパーリ経典が伝わったからといって、その実践の有り様は、地域によって異なります。スリランカ、ミャンマー、タイ、カンボジア、ラオスは、東南アジア上座仏教徒社会と地図上にくくられますが（図❸）、大きくは国ごと、細かくは地域ごとに出家行動や寺院施設のありかたに特徴的な違いが生まれています（写真⑳・㉑）。スリランカやミャンマーでは、いったん僧侶になると生涯を僧侶で過ごす人が多いです。そしてこの傾向は、北タイ、北ラオス、中国雲南

図❸

上座仏教徒社会の地理的広がり。スリランカ、ミャンマー、タイ、カンボジア、ラオスに跨がるが、その実践の有り様は、地域によってかなりの相違がある。

省にも共通する。逆に、中部・東北タイおよび南ラオス、カンボジアでは、しばらく僧侶でいて俗人にもどることを何度も繰り返すことに寛容です。

書承で広がった大乗仏教と異なり、声の伝承（口伝）を基盤にした上座仏教では、地域や国家を越えるときに、その担い手と継承者の役割と地域社会のありかたが大きく作用するようです。文字を介した知識の仏教というより、それを実践する人とその行いが築く仏教という局面が強くでます。このことから、人々の多様な地域での日常生活と、そこで醸成されてきたこの世をまたぐ精霊の世界やあの世との関わり方が、各地域での「自前」の実践のバリエーションを作ります。それはまた、国家の政策や法制度ともかかわって独自の仏教実践をうみだします。[*25]

ただ、いずれの国や地域でも共通するのは、自らが出家し自分たちで寺院をつくるということ、そしてそれが、善果としての功徳をうむ行いとみなされる点です。

写真⑳

写真㉑

同じ上座仏教寺院の講堂の変化。一九八一年の様式は下図の二〇〇五年に大きく変わった（タイ・コーンケン県D村）。建物ばかりでなく、出家行動にも特徴的な相違があり、それはまた国家の政策や法制度ともかかわって独自の仏教実践をうみだす。

＊25 林行夫『ラオ人社会の宗教と文化変容——東北タイの地域・宗教社会誌』京都大学学術出版会、二〇〇〇年。

自分がつんだ功徳は、死後の来世をふくむ近未来での境遇を向上させる。さらに、生前世話になった肉親や知己の霊にも、パーリ経典にはでてこない地母神（写真㉒・㉓・㉔）を通して届けられます。儀礼の場面では、この世を生きている儀礼の参加者をも結びつけるものと理解されています。上座仏教は男子のみに出家を許す女性差別の仏教といわれますが、日々の托鉢に応じて食事を届けるのも、新月と満月の日に、寺院にこもって在家者の戒をもらって守るの

写真㉒

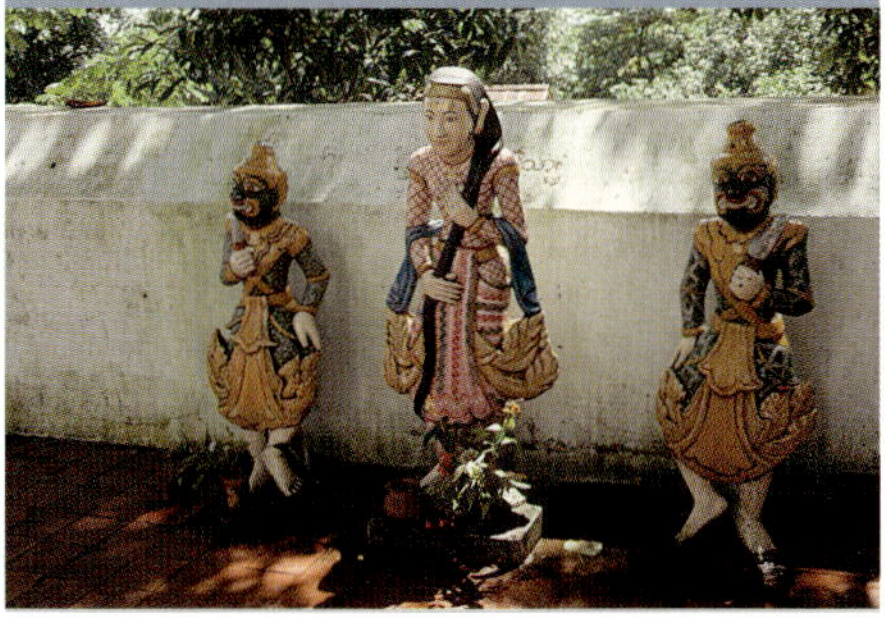

写真㉓

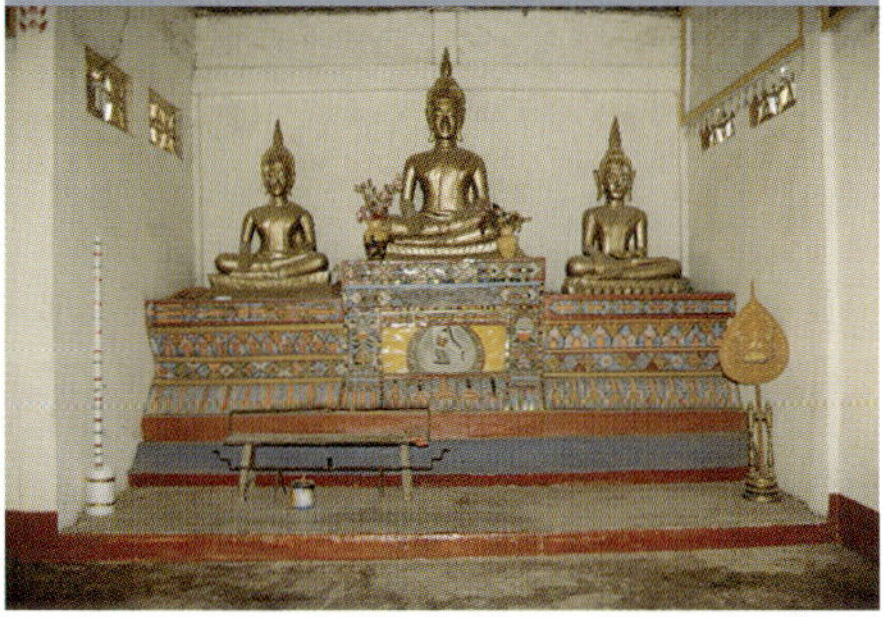

写真㉔

パーリ経典にはでてこないが、東南アジア全地域の寺院にみられる地母神は、重要な役割を果たしている。自分がつんだ功徳は、死後の来世をふくむ近未来での境遇を向上させ、さらに、生前世話になった肉親や知己の霊にも、地母神を通して届けられる（㉒はミャンマー、㉓、㉔はラオス）。

も女性が主体です。女性がいなければ仏教はなりたたないことを、女性たちが語ります。もともと外来の宗教である仏教は、自分のために功徳を積み、そのことで僧俗を結びつける土壌の上に花を咲かせ、男女の創意による行いの仏教としての生命力を得てきたといえましょう。

## 行いと知識——実践宗教の核

上座仏教徒社会にはもうひとつの知識の諸相があります。行いの経験とともにある戒や知識のありかたは、身体活動を抜きにはできないアスリート、古典舞踊などの身体芸術、さらには料理の世界にも共通する、いわゆる職人さんにとっての知識のあり方に似ています。学校での学習歴や免許証などで保証される知識ではありません。「頭ではわかっていても、それを行いで示していなければ、わかっていないのと同じ」。そういう知識は、本人が身体でおぼえて体現される「わざ」にも似たもの、といえばいいでしょうか。

体現する知というものは、国の教育政策や知識人の言説とは異なる回路をもって、仏教が地域やくらしのなかで創られていく局面を教えます。ひとつは、ある文化が広まる、ということは、外来の文化を着床させる土壌＝身体が必要ということです。それは、受け手の身体知に訴えて初めて着床する。外来の宗教の広がりは、この過程を経て、初めて日本の仏教、キリスト教になってゆく。もうひとつは、同じ仏教でも、大乗仏教もそして同じ上座仏教でも、実践を差異化する要素となるということです。この違いは見かけの比較上のものではなく、体現されるものがそれぞれ異なる点で、相互に異質なものとの共存を実現させるものでさえあります。誰も他人の作法には文句をつけない、ということです。

当人の生きる力となる知識は、おそらく生存のために生命をかけてきた人類の太古の、変わらぬＤＮＡみたいなものでしょう。近代以降の文字文化を背景とする識字能力は、文化や文明のものさしになり、文字が介入しない声や音といった人間の身体活動にもとづく始原的な文化を、文字の文化より劣るとみなす教養知さえ生みだしました。この評価は、タイムスパンを長くとって二〇万年の人類史をみれば、とても限定的なものです。それどころか、文字文化が払う代償の大きさをも教えるようです。経験を伴わない知識は、必然的に環境の変動に対応できないか、あらぬ方向へと人を導くことさえある。

ふたつの特徴をもつ知識がうみだす情報は、継承方法も質も異なります。頭の中の知識は、たとえば組織を運営する有用なマニュアル情報ですが、マニュアルにない事態で組織が機能不全をおこしたり活動をとめたりしたときにはあまり助けにならない。むしろ、マニュアルにとらわれすぎて目前でおこっている事態を正面から捉えられないことさえ起こる。災害、災後の時代に入った私たちは、それぞれの国や地域に継承される防災のための経験知の重要性に気づき学びはじめています。[*26] 状況にたいする自らの判断力をうみだす、地に足の着いた知力を養っていく必要があります。

もっとも、東南アジアでも二〇世紀前後から国家主導で近代的な教育制度が導入されています。出家者も文字を介した教育をうけ、パソコンを使って経典研究もします。口伝による知の継承など、消えてもおかしくない環境です。それでも、書物を介して得られる知識も、ブッダ以来の戒や仏法と同じように、自らの行いを通して体現すること、経験で得た知見を重視することは、出家者や世俗社会での宗教実践に生き続けている。近現代の文明の利器が整える環境にあって、そういう実践のシステムが宗教者の間に確かに継承されているようにみえます。

何度もいいますが、僧侶は戒を得て、それを日々の活動を通して守ることで仏教を体現します。黄色い袈裟をきて頭髪を剃った異形の姿は、俗人の暮らしでは困難な戒の保持者にして実践者であることを示すのです。こうした宗教者にたいする見立てが、俗人の知識人を「値踏み」する素地になることがあります。世界的な名門大学出身の議員や官僚、ＶＩＰ、そして戒とは心や精神のかまえと説く日本の高僧でも、行いがともなわない知識を流暢に語るばかりの人にはあまり価値を認めない。そういう場面を何度もみてきました（写真㉕）。

農村で生まれた人たちの多くは、現代では、出家以上に出稼ぎ労働で都市生活を送っています。学歴は義務教育どまりです。難しいことは一生懸命できな

＊26
山本博之らによる「災害対応の地域研究」シリーズ（全五巻、京都大学学術出版会、二〇一四―二〇一六年）、西芳実『被災地に寄り添う社会調査』（情報とフィールド科学4、京都大学学術出版会、二〇一六年）を参照。

写真㉕

プリチャー・ピントーン氏。長期出家経験をもつ東北タイ在地の知識人で、ラオ人が多い東北タイはいずれラオスと一緒になると生涯信じていた（一九九三年、筆者と）。

いが、簡単にみえることを一生懸命やることも難しいんだ、といわれたことがあります。そして、仏教での積徳行のように、同じことを繰り返してやれば、必ずいいことがあるといいます。頭ではなく身体を使う、経験をとおして技能や自分の知識を豊かにしようとする学びの姿勢といえばいいでしょうか。

## 5 「学知」は発展するが、現実は忘れられる
## ――近代化が曇らせた眼

### 不純にして健全な見立て？

明治時代の日本にもおしよせた欧米を範とする近代化はこの地域にも及んでいます。多様な実践の温床である声の実践は、口伝を基本としながらも、仏教を教養知とし、文字化された知識や近代的な道徳概念としての様相を帯び始めます。タイでは、西欧列強の植民地化を免れるため、日本や西欧の法制度をモデルにして独自の中央集権化を進め、二〇世紀初頭には仏教実践も国家が統括する仕組みを整えました。仏教大学も創られ、仏教は研究や勉学の対象ともなっています。

しかし、地域ごとの多様な実践が一律なものになったわけではありません。生活にねざす仏教徒の実践は、法律や制度さえも、一種の環境にみたてて適応させてしまうような仏教を創ります。実践に優劣をつけたり、単一のものさしで格付けするのも西欧近代の特徴ですが、それが貫徹しきっていないところが、タイで仏教が農村や都市で多様な姿をとりつつ、生きた宗教として実践さ

れ続ける理由のひとつかもしれません。

地方農村の人々のあいだでは、仏教を学識として学ぶ僧侶は知識人ではあれ、ほんとうの僧侶と限らないという見立てが持続します。もとをただせば上座仏教は、出家する際に、戒を実践してきた者から口伝えで戒を授かり、時に過ちを繰り返しながらも、その戒を守ろうとする日々の行いを通して戒やブッダの教えを自身の一部としていく仏教です。行いに厳格であろうとする僧侶は清浄な宗教者です。日々の行いで培われているから、聞く者にはそのことばが届くといいます。生きた知を具現する僧侶が尊敬される。この根幹があれば、国家が決めた法制度からはみだすことがあっても、タイでは立派な僧侶とみられることが多いようです。不純ですが、健全な見立てといえばいいでしょうか。

## 上座仏教をめぐる西欧と日本のレフレクション

一三〇年前の明治時代、タイで仏教を学ぶため留学した日本人僧侶がいます。生田得能（一八六〇―一九一一）です（写真㉖）。のちに織田姓となり、日本初の仏教辞典を編纂した人として知られますが、タイに約二年半（一八八八年二月―一八九〇年七月）滞在した留学のことは、日本のタイ研究者の間でもあまり伝わっていません。当時のタイ文部大臣が世話をするＶＩＰ扱いの留

写真㉖

生田得能（一八六〇―一九一一）。明治時代、仏教を学ぶためタイに留学。のちに織田姓となり、日本初の仏教辞典を編纂した。

学でしたが、生田は私たちが継承すべき著作を一八九一年に刊行していました。[*27] その冒頭四頁の一文です。

「日本ニハ仏教ノ活論アレドモ、仏法ノ活体アルヲ見ズ、其之アルヲ見ルハ、暹羅一帯ノ地方ナリ」(日本では仏教の研究は盛んだが、仏法を生きて実践する姿がない、それがあるのはタイ一帯の地域だ)。この印象は、間違いなく現在も通用すると思います。生田はさらに、タイ仏教からみれば、日本の大乗仏教とりわけ禅宗は「世智弁聡、仏陀ノ罪人」にすぎない、タイ仏教では戒に基づく行いこそが重要で、戒を守れない場合は還俗できるので、僧宝は無垢なまま保たれる、と記します(同三三—三五頁)。

日本との比較の観点でタイ仏教の特徴を描いた明治の僧侶。研究を欧米の東南アジア研究に位置づけようとしてきた私は、日本人の見聞に基づくこうした資料の蓄積があること、学界から無視されていたことを最近まで知りませんでした。心から不勉強を恥じています。

そもそも、日本人はいつから自分たちが大乗仏教徒で東南アジア仏教と異なると認識していたのでしょう。鎌倉時代の凝然《ぎょうねん》(一二四〇—一三二一。東大寺)は『八宗綱要』や『三国仏法伝通縁起』でインド(天竺)、中国(震旦)、日本(日域)の三国間の伝通として仏教史を描きました。仏教が日本に成立するまでの経緯をインドに溯るという「仏教東漸」、つまりインドから日本へ仏教が到達したと考えました。それは教義がどう伝わって「発展」してきたかを

*27 生田得能『暹羅仏教事情』真宗法話会、一八九一年。写真㉗はその四—五頁。(写真㉗)。

写真㉗

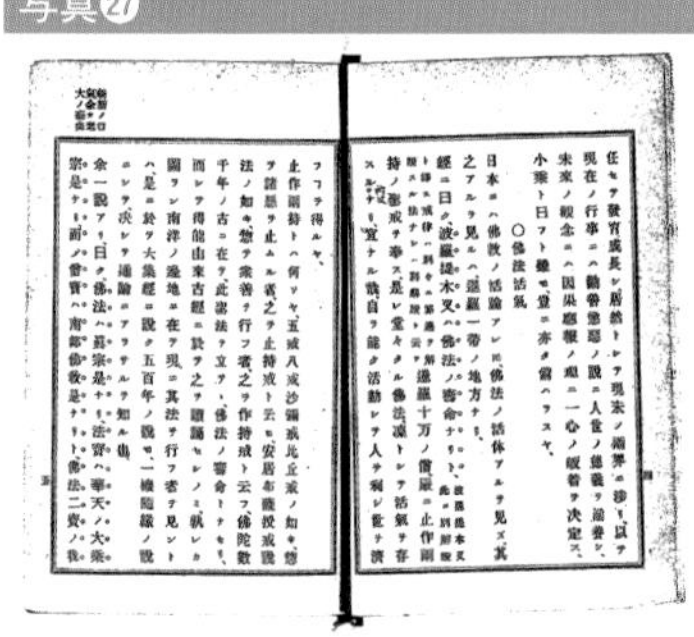

なぞるもので、中国経由の北伝ルートで大乗仏教の系譜になります。インドからスリランカへの南伝の仏教は、伝播ルートが異なるので無視されています。一七四五年に富永仲基（一七一五―一七四六）は、日本に伝わる大乗経典はブッダの教えと無縁な後代の偽経だと論じます。[*28] ブッダの教えは小乗仏教に査定されているようですが、明瞭にスリランカや東南アジアの仏教を地理区分上に示したのは、前述の生田が島地黙雷（一八三八―一九一一）と著した『三国仏教略史（上）』[*29]です。ただ、同書の九年前、すでにスリランカやミャンマーを植民地化していた英国がロンドンに「パーリ文献協会」を設立して（一八八一年）、文献による上座仏教研究を開始しています。パーリ語の経典で伝わる上座仏教を、サンスクリットや漢語で伝わってきた大乗仏教より古い、始原の仏教として発見したのは西欧社会でした。

　日本人とくに日本の仏家をはじめとする当時の有識者は、タイ仏教を実見した生田のように、上座仏教を正面から捉えることがありませんでした。ブッダ以来の初期仏教の戒を現代まで保持するとはいえ、明治以降の日本は「脱亜入欧」を掲げて国家の近代化を進めました。そのこともあって、上座仏教を「土人の小乗仏教」とみなす経緯と、それに基づく教養知を醸成することになります。[*30]

＊28
富永仲基『出定後語』隆文館、（一七四五）一九八二年。

＊29
島地黙雷・生田得能『三国仏教略史（上）』鴻盟社、一八九〇年（写真㉘）。

写真㉘

＊30
林行夫「明治期日本人留学僧にみる日＝タイ仏教『交流』の諸局面」大澤広嗣編『仏教をめぐる日本と東南アジア地域』（アジア遊学一九六、勉誠出版、二〇一六年、九―二八頁）。

仏教研究と仏教徒研究——文化と社会、歴史、フィールド科学

自らの植民地のミャンマーやスリランカにパーリ経典を伝持する仏教を発見し、仏教学を興した英国人学者は、キリスト教との比較宗教学の観点から、救済についての神学論的な根拠を経典のなかに探そうとします。一九世紀の西欧社会に経典研究を柱とする仏教学が生まれます。それが明治期の日本にも輸入されて今日に至ります。東京帝国大学の文学博士第一号は、一八七六年からオクスフォード大学に留学派遣され、マックス＝ミュラー（Friedrich Max Müller, 一八二三—一九〇〇）に師事して『無量寿経』『阿弥陀経』を校訂した南條文雄（一八四九—一九二七、真宗大谷派）です。[*31]

生身の僧侶や俗人信徒をさしおいて、仏教そのものに意義を認めようとする学問的立場は、この仏教学の成立によるところが大きいようです。ガンジーの指導下で反英独立運動を担ったインド人ネール（Pandit Jawaharlal Nehru, 一八八九—一九六四）も、仏教徒に学ぶことはないが仏教は研鑽に値するといっていいます。彼はケンブリッジ大学を卒業していますが、この点については反英ではなかったようです。

生田は留学中にタイ仏教の僧侶にはなりませんでした。彼より二年早くスリランカにわたり、一八九〇年に日本人僧侶として史上初の上座仏教僧となった

＊31 南條文雄『懐旧録——サンスクリット事始め』平凡社東洋文庫、一九七九年（大雄閣、一九二七年）。

釈興然（一八四九―一九二四、真言宗）（写真㉙）を除いて、明治期にアジアへむかった日本人留学僧の多くは、現地の仏教徒との交流には積極的でなかったようです。西欧産の仏教学に習う態度でもあるようにみえますが、自分が知りたいパーリ仏教を体現する僧侶が英国の植民地の住人になっているという、当時の認識[*32]もあります。明治期の廃仏毀釈、キリスト教の台頭などでかつての権勢と地位が揺らいだ日本の仏教の正当性を主張するには、「脱亜入欧」でのアジアに学ぶことより、仏教をスピリチュアルにみて称賛する西欧人と繋がるほうが得策だったこともあります。

それ以上に、日本の仏教が書承の仏教であったので、同じ文献学的な方法を踏襲しようとしていたこともあると思います。国がかわっても、同じ学問の地平＝研鑽すべき仏教＝をみていて、その土地で構築されている仏教を、仏教徒からみようとすることも、その手立てもなかった。現地のことばや文字を学んで、タイ文字に翻字されたパーリ語を読むのでは効率が悪い、とロンドンへ移ってローマ字化されたパーリ仏典を研究する日本人僧侶もいました。現在の文化人類学的な観点からみれば、地域をスキップし、教理と思想としての仏教の研究に終始することです。しかしその学びの姿勢は、西欧生まれの仏教学が目指すことと矛盾しなかった。そういうように正当化されてきているようです。

このように増幅した学知のあり方に、経典を学ぶ＝仏教を研究する、という

写真㉙

一八九〇年に日本人僧侶として史上初の上座仏教僧となった釈興然。

*32 のちに鈴木大拙とともに「禅仏教」を米国に広めることに貢献した釈宗演（臨済宗、一八五九―一九一九）は、スリランカ滞在中の日誌のなかでそのことを記している。井上禅定監修、正木晃翻訳『新訳・釈宗演『西遊日記』』大法輪閣、二〇〇一年、山口輝臣「釈宗演――その〈インド〉体験」小川原正道編『近代日本の仏教者――アジア体験と思想の変容』慶應義塾大学出版会、二〇一〇年、一六六―二一八頁。

今の日本にも定着した仏教研究のスタイルがうみだされます。昭和に入ると、タイやミャンマーで得度する日本人僧侶がではじめる。しかし、すでに東南アジアをまきこんだ戦争の時代がはじまっており、生きた仏教徒に学ぶ姿勢は十分に達成されることはありませんでした。「仏教学は発展し、仏教徒は忘れられる」[*33]。日本人による仏教とその研究は、そういう袋小路を自ら招いてしまったようです。

　仏教学の本場英国でも同じです。この状況を打開するのは、仏教徒から学ぶことをとおしてこれまで蓄積された知見に生命をふきこむことです。フィールドワークによる実証的な研究手法は、第二次世界大戦後の、冷戦体制下におかれた東南アジア社会の変動を明らかにしようとする欧米の人文社会科学者がもたらしました。その影響をうけて、英国の仏教学者が、「仏教から仏教徒へ」と研究対象のシフトを提言します[*34]。とはいえ、その方向転換から半世紀ほどのことなので、歴史が長い書承の学知とはまだうまく接合していないようです。教理や理念が、日常の常識よりも崇高なものと疑わない知識人の見立てが足枷になるのでしょうか。この頑迷な局面もまた、学問という文化の特質でもあります。

＊33　「農学栄えて、農業滅ぶ」とした東京農業大学初代学長の横井時敬（一八六〇—一九二七）の言葉をもじった。農場（現場）ではなく実験室での研究結果に価値をおき学会での発表業績を重視するあまり、農家や農業がみえなくなることを批判したもので、学問や科学の発展が、対象とする現実に研究者を向かわせるより、逆に乖離させるという逆説、大袈裟にいえば、研究と現実、制度と実践の間に生じる「呪われた軌道」を示す警句である。

＊34　Richard F. Gombrich, *Precept and Practice: Traditional Buddhism in the Rural Highlands of Ceylon*, Oxford University Press, 1971; *Theravada Buddhism: A Social History from Ancient Benares to Modern Colombo*, Routledge & Kegan Paul, 1988（『インド・スリランカ上座仏教史——テーラワーダの社会』森祖道・山川一成訳、春秋社、二〇〇五年）。

## 6 身体を失った知を取り戻す想像力を育む

### 自文化と異国趣味からみえる共存への展望

「……実際どこの国の人間にでも、世界中の慣習（ノモス）の中から最も良いものを選べといえば、熟慮の末誰もが自国の慣習を選ぶに相違ない。このようにどこの国の人間でも、自国の慣習を格段にすぐれたものと考えている」[*35]。

古代ギリシャの記録です。自分の慣習こそが一番。各国各地域の東南アジア仏教徒を歩きみてこれを実感します。以下では、この認識はただちに自文化中心主義やナショナリズムに直結しないことをみます。続いて、この認識故に、人は見知らぬ世界についてはは自分の慣れ親しんだ文化にとって都合のよい異国趣味（エキゾシズム）をつくり、自文化や社会で消費してきたこと、そしてその未来をみます。

まず、自文化を中心にみる見方は「主義」ではなく、身体知の一部です。食をめぐる経験から、私は「民族」「宗教」という近代社会にうまれた概念は、現場では一体何を表すのかと考えさせられました。研究者もマスメディアも、異文化間の紛争を描いたり憎悪を惹起している要因として使います。ほんとう

＊35 Herodotus（紀元前四八五年頃—四二〇年頃）。古代ギリシャの歴史家。引用は、ヘロドトス『歴史』上、松平千秋訳、岩波文庫、（一九七二）一九九六年、三〇六—三〇七頁。

にそうなのでしょうか。多民族国家のラオスでは、異民族とは自分にないもの、造れないものを収穫する有益な他者か、どちらでもない似たものどうし。タイでは多数派の仏教徒と少数派のムスリムが、寺院とモスクを背中合わせにして暮らしているところもある。こういうところでは「どの宗教も人に善きことをなせ、善人となれと教えるのは同じだ」という、あけっぴろげなまでの見立てがあります（写真㉚）。

ここに、食べたものが自分をつくっているという野生の哲学がみえないでしょうか。宗教も同じ。同じものを食べないのだから、できあがる人間も異なって当然という見立てです。文化多元主義といえば響きはいいですが、やや粗野にみえるこの見立ての原理は、もっとシンプルです。自分が食べてもいない信仰や思想について詮索しない、したところで何も得るものがないという、実利的な無関心がこの見立てを支えている。自分はこうだから、おまえも同じでなければいかんという主義的発想がうまれない。日常生活でたちあがっているこうした生活態度を、国や地域を代表する権力者が営む政治と無縁とみなすのか、メディアはあまり描きません。現場にでむいても、貧しく教養もないからと外国人を遠ざける高学歴者や専門家のコメントだけを聞いて終わらせず、まさに専門家がそのようにみなす人々から、より多くのことを学んでもらえたらと思います。

教義や思想、宗派の違いで現代の紛争を描くのは知識人のお家芸です。です

写真㉚

サオワニー・チットムアットさん。チュラーロンコーン大学政治学部社会学人類学出身。仏教徒からムスリムとなり、南、中部タイのムスリム社会を経験。日常生活ではムスリムと仏教徒の間にはなんら宗教抗争の根拠はないと主張してきたラーチャパット・トンブリー大学の教員（二〇〇五年、筆者と）。

が、その信条の下にある現実をみないと、高見の見物同様の机上の俯瞰になります。内実は経済格差や利害にからむ葛藤であっても、宗教や思想の対立と描いてしまう。教養知をかじる読者にはそのほうがわかりやすいからでしょうか。でも、いくら情報の伝導効率はよくて、知的にみえる構図でも、当該社会の日常の営みを見過ごしていては本末転倒です。早い、薄い情報が現実を歪めかねない。それと自覚することなく民族や宗教を生きる人々は、国家やメディア、知識人が分類指標にする民族や宗教とは異なる指標をもって自分の暮らしと信仰を営んでいる。違うものを食べ、違うものを信仰する他者は、物産品の交換相手、好奇（あるいは無関心）の対象でこそあれ、干渉誹謗する対象ではない。とすれば、近年の多くの紛争は、現実に根ざさない二次的な、しかし、高潔で純化された理念や主義をこそ火だねとしているようにみえます。身体を失った知は、身体を破壊するということです。

## 異文化の扱い方

次に、異国趣味の問題です。かつて日本で広く読まれ、同じ映画監督が二度も映画化した小説「ビルマの竪琴」（竹山道雄［一九〇三―一九八四］著、もとは児童向け小説）は、ビルマ人仏教徒がみたら事実誤認（僧侶が楽器を奏でるのは戒律違反）に卒倒するか、かなわんなあと思うことでしょう。*36 私も一九

*36 山中速人は、ビルマを訪れたことがない竹山の小説に基づくものの、「反戦映画」として高い評価を得た市川崑の映画をビルマに持ちこんでビルマ人にみせ、ビルマ人の事実と異なる映像への困惑とともに、その作品を創った日本人への「思いやり」を記している。「ミャンマーの人々は『ビルマの竪琴』をどう観たか（前）（後）」『少年育成』一九九六年三月号、四月号。

九九年にパリで呆気にとられたことがあります。ミュゼ・ド・ロム（人類博物館、写真㉛）のジオラマ展示「日本の伝統生活」です。いろりのまわりに芸者風の女性が胸をはだけて乳飲み子を抱き、家族の皆が下駄をはいたまま車座になっていました。参考映像には、日本人が刺身をたべる食習慣から「生食」を強調したかったのでしょう、食卓に一尾の切り身にもなっていない鯛をおき、その上を沢ガニが歩くという演出までしていました。まるで生魚を丸ごと食べる半魚人のくらし。

　来日したこともあるフランス人作家P・ロティも、川辺でくらすカンボジア人集落の風情をみてこんなことを書いています。

「……われわれはこうした黄色をした人種どもを生ぜしめたその太初の蛆か何かを見ているような空想が、ふと沸いてくるのである。彼らは確かにこの平原のすばらしい外装を蝕む虫か虱の一種である。なお、こうして仕掛けられた数々の生簀の他に、そこには、長い水掻きと、長い首と、いつでもくわえる準備のちゃんと出来ている残酷な嘴とを持った水禽が数限りなくいる。こうした人間と水禽とが、この河を渡るもの言わぬ原始的な幾億兆の生命を、じっと窺っているのである。太初の時代から、彼らの肉体は、彼らの心よりももっと冷たい魚肉を食ってその身を養って来たのである*37」。

　こういう見方は、日本についての紀行文にもあります。日本人もカンボジア人も頭にくるでしょうが、自分も同様のことをしているので、そうした情報は

写真㉛
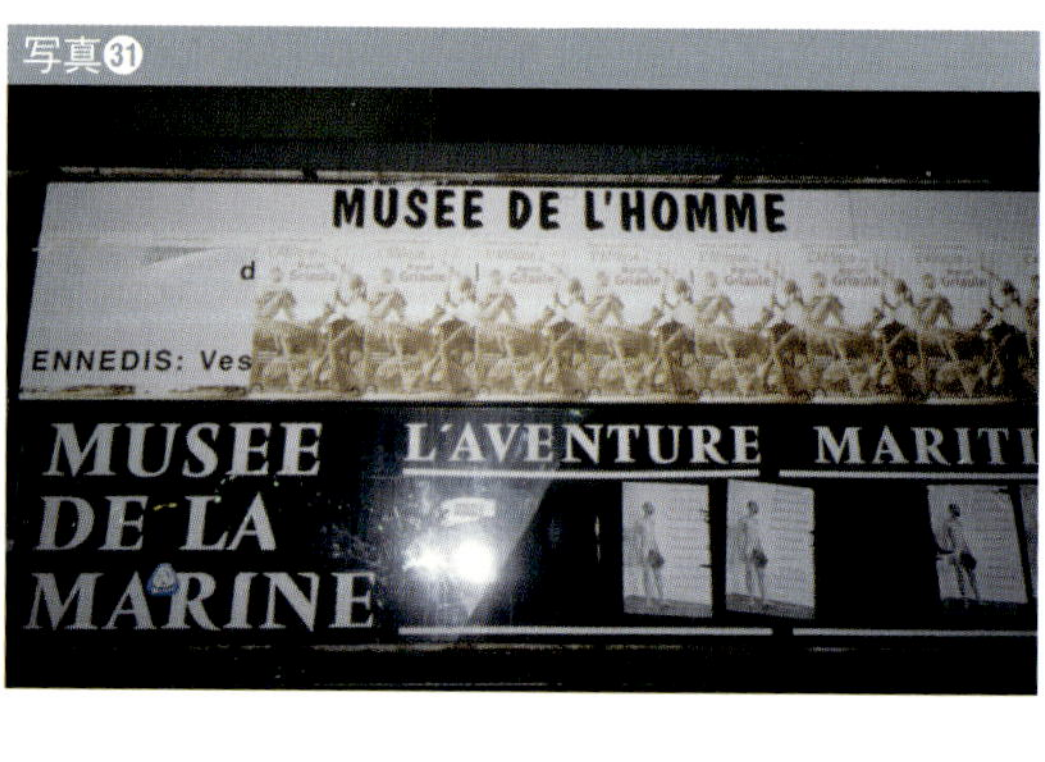

パリの人類博物館（一九三七～一九九八年）の入り口

*37 ピエール・ロティ（Pierre Loti, 1850–1923）。アカデミー・フランセーズ会員。『アンコール詣で』佐藤輝夫訳、中公文庫、（一九四一）一九八一年（原著一九一二年）、二八頁。

面白おかしく加工されている事実を冷静にみたほうがいいでしょう。一九一二年にフランス語で著したロティも、フランス語読者にむけて書いているのです。それを現地の人が読んだらどう思うかなど、当初から想定外です。

事実の誤認ではなく一方的な錯誤です。でも、これは人間の文化の共通する特徴でもあります。それは、現地の相手とのコミュニケーションを前提とせず、自分の娯楽文化の要素として自文化で消費するという点です。ようするにほぼ一方的な妄想を理想化、あるいは逆に醜悪化してあたかも現実のことのように描くということです。

一昔前なら、こうした異文化のあつかい方は、特権階級の異国趣味で許されたかもしれません。このやり方に未来はあるでしょうか。政財界人のあいだでは、こうした物語あそびが外交上のユーモアとして残るようです。そうした戯れの異文化語りは、移民でわが町に住み始めた人たちにはどう届くでしょう？名誉毀損で訴えられるかもしれません。いや、そうしたことは笑いとばすかもしれない。いろんな文化を背負う人が同じ場所に集まるようになると、世界は、今後そうした方向へと移るように思います。「昔の日本人はタイをこんなふうにみてたんだ」「へえ、そうかい、でもそういうものかもね」という感じです。

一つの国や地域で暮らしを共にするようになると、新たな日常が生まれます。そこで古色蒼然たる教養としての異文化趣味は、滑稽な昔語りになるような気がします。そして、ＶＩＰの接待に忙しい駐在大使、英語のみで研究者のサークルに生きている箱入り外国人教師より、日本人と日々の生活を隣りあわせにする外国人労働者のほうが、生きるために日本語にも日本人の日常文化にも精通し、それに苦労した経験とともに、よりリアルな日本人社会を本国に残した人々に伝える。そんな時代がきていると思います。働きにきた人々には、既得権者のような学歴や教養はないのかもしれませんが、経験から学んでいる。経験はよりよい生活を求める学習へむかいます。頭のなかにだけある知識はそうした経験を生みださないものです（写真㉜）。

学問としてのフィールドワークは、こうしたこともふまえながら、現地で流通している多様な情報を扱います。そして、標本をみつけにいくこと以上に、そこに暮らして、やがて論文にしていく観察者の立場、視点が、まさにそこで創られていくことの重要性がわかっていただけるかと思います。生きた文化を人から学ぶこと、調査した地域の人々と社会に研究成果を還元し共有すること、これだけで長くオリエンタリズムに巣食ってきた問題のいくつかは解毒されるように思います。情報社会における情報の豊かさとは、情報量の多さ以上に、他者を介して多様な発想をくみあげ、その違いや対立点をいかしながら調和を計る環境を紡ぐことにあります。あらゆる情報は人間がうみだしているものの、属人的な産物なのですから。

だからこそ、情報は一方的であってはまずい。クジラもイルカ猟も、動物愛

写真㉜

東北タイのマハーサーラカム県のとある村にくらす日本人男性とその家族。奥さんが日本で働いているときに知り合う。停年後のタイ農村での生活は当初慣れなかったが、その後、家族や村人にタイ語を教えてもらいながら村で小さな雑貨屋を経営。地域社会にとけこみはじめて、日本では経験しなかった、タイ人の生活力や親族の絆を感じるという（二〇〇五年）。

護という信念で否定する外国人が和歌山の太地町にやってきます。ネットなどで配信される映像でその行動をみると、異人種間の摩擦は「自分たちと同じでないから気にいらない」という態度がみえるようです。昔からの伝統というのなら、よい伝統を新しくつくればいい、といい放つ人もいます。その前に、人々がつくってきた日常を少しは知ろうとしてほしいものです。ごく小さな習慣でも、それは個人から集団、国家にいたるまで、大きなことなのです。蝶の羽ばたきを思い起こしましょう。生活の場から乖離した理念は、暴走して争いをうむ。日本人にも苦いことばですが。

## 想像力——異文化は日常生活のなかに

非日常的な経験をもたらす点では、国内外に空間移動しなくても過去の社会に時間移動してその文化にむきあうことも同様の経験をうみます。書物や映像、音楽などの作品や物語をとおしてもそうした経験はできますし、当時の社会をみることで現在の社会のなりたちも違ってみえるでしょう。

誰もが人として社会にくらす以上、非日常的な事態とむきあう経験をします。それは旅行であり、愛する人との死別や天変地異の経験です。日々当然のこと、自明のことでなりたっていた日常感覚が失われる事態は、普段気にもとめなかった日常生活の重さを知る機会を与えます。

フィールドワークのセンスは、普段からこうした局面にむきあい、よりそい、共感することで磨かれます。専門家の特殊な技法にみえる経験的研究の核心的な局面は、世界に生きる誰もが経験する多くの局面と共通するからです。私たちは、誰もが等しく営む生存に必要な衣食住、生と死といった共通の要素、そのあらわれ方の違いから、文化が個別のものとして生まれて使われ、磨かれて、あるいは使用期限を終えて更新されていくことを知ります。言語をふくめ、それぞれ異なる環境で生きるための、単なる道具ではない、身心に関与する「よすが」としての文化の属性を知ることができれば、自文化だけをものさしにする主観を通して、見知らぬ異国の他者やその社会を、南北ゴキブリだとか不潔な国、奇妙なことばを使う貧困国といったいい方はできなくなるでしょう。

相手を知るには、まずお互いに尊重できる対等な立場にたつことです。それは、媚びへつらいや従属を意味しません。世間的に優位な文化だけを認め、それを学ぶことで自らの劣位を覆そうとする態度は、複数の文化をあいてに対等な関係を構築する方向へはむかいません。従属と被従属の関係は、優劣のピラミッド構造をそのまま保持するからです。明治期以降の日本に胚胎してきたアジアを劣位とする見方の趨勢は、残念ながら脱亜入欧というかけごえが象徴するように、軍事力、経済力そして政治力に勝る欧米に学び、従属することを自らの矜持としてきた歴史的な副産物ともいえましょう。

　私は経験から得る知識の重要性を強調してきました。しかし、実社会ですぐには役立たない教養知を学ぶことは無駄ではありません。受験勉強を経験した人には、他の誰のものでもない自分の貴重な資源の一部であり、さらに豊かな血肉へとすることができる知識です。現代の多くの教養知は、世界をわかりやすく分別する情報に似て、コンテンツを時空間の文脈から切り離した断片的で葉はあっても根がない情報です。

　だからこそ、特定の時空間や身体に根づく＝拘束される＝知識と違って、想像上の歴史時間や出来事の連なりをインスパイアしてくれます。使い方次第で、一点を離れて遠く、人類や世界の動向を想像させる触媒になります。頭の片隅で廃品回収寸前状態でも、多様な知が息づく現場に身をおいて、知識のあり方を身を以て経験することで教養知は生命を吹き込まれて解体・再建され、世界を複数の視点で捉えて個別と普遍を往還できる、有用なものとなって活用されるでしょう。情報源をたどる旅のようですが、始原を知ることで新たな資源となるのです。そして、その知力で再び自分と世界にむきあうことになります。

## 生きている世界の足下をみる

欧米英語圏で活躍する日本人は増えました。しかし現在はそうでも、これは未来へも続くものではありません。一四九四年のトルデシリャス条約で、欧州を除く地球上の活動勢力範囲をポルトガルとともに二分したスペインは、一五八八年に英仏海峡でのイギリス艦隊との戦いで敗北します（アルマダの海戦）。スペインにかわり英国が世界を席巻しはじめます。次いで第一次世界大戦を転機に、世界の覇者は米国へと移ります。了解しておくべきことは、「グローバルスタンダード」は軍事力や経済力でリードする国がつくってきたことです。

S・キューブリックの映画「２００１年宇宙の旅」[*38]の冒頭部、骨が武器に、そして武器が宇宙船にきりかわる場面があります。木星をめざした宇宙船は最後に予想だにしなかった場所に「帰還」します。本作の映像は見る人によっていろんな解釈が可能です。だから名作です。中学生のころは、モノリスの存在が気になって、あれは創造主の象徴だと理解していました。最近、十何度目かに再見して私は、ラストの星＝胎児＝が、武器によって進化してきた人間世界のあり方は誤りだと示唆しているようにみえました。生命を育む宇宙の存在と、それを思い起こすことの必要を訴えていると。自分が生まれきたった原点をみなさい、とも。若いみなさんには、世界の他者を制御しようとするよう

＊38 スタンリー・キューブリック（Stanley Kubrick, 1928-1999）は米国生まれの映画監督。「２００１年宇宙の旅」(*2001: A Space Odyssey*, 1968)。本作前後の次の二作品も超お勧め。『博士の異常な愛情』(*Dr. Strangelove or: How I Learned to Stop Worrying and Love the Bomb*, 1964)、『時計じかけのオレンジ』(*A Clockwork Orange*, 1971)。

な、高邁で崇高な理念や思想が繰り返してきた成功と誤ちの輪廻を断ち切るためにも、私たちがいま、ここで呼吸をし、生かされている日常生活の複雑さとそれにたいする洞察にねざした、新たなグローバルスタンダードを築いていってほしい。そう願っています。

写真33

タイ語に翻訳された自著を一九八三年以来お世話になってきた村人に届ける（タイ、コーンケン県D村、二〇一二年）。

写真34

写真35

二〇一三年、京都大学地域研究統合情報センターを表敬訪問したタイの僧侶一行と。

**著者紹介**

林　行夫（はやし　ゆきお）

京都大学地域研究統合情報センター（現・東南アジア地域研究研究所）教授。京都大学博士（人間・環境学）。

1955年大阪生まれ。大阪府立旭高校卒業。龍谷大学文学部社会学科、同大学大学院文学研究科社会学専攻博士課程修了。京都大学東南アジア研究センター研究生を経て、タイ国チュラーロンコーン大学大学院政治学部人類学社会学科留学（文部省アジア諸国等派遣留学生1981-1983）。国立民族学博物館研究部助手（1988-1993）、京都大学東南アジア研究センター（のちに東南アジア研究所）助教授、教授（1993-2006）、京都大学地域研究統合情報センター教授（2006-2016）。

**＊本書は，京都大学地域研究統合情報センター（現・東南アジア地域研究研究所）の地域情報学プロジェクトの成果として刊行された。**

生きている文化を人に学ぶ
（情報とフィールド科学5）


2017年3月31日　初版第一刷発行

著　者　　林　　行　夫
発行人　　末　原　達　郎

京都大学学術出版会

京都市左京区吉田近衛町69番地
京都大学吉田南構内（〒606-8315）
電　話（075）761-6182
FAX（075）761-6190
URL　http://www.kyoto-up.or.jp/
振　替　01000-8-64677

ISBN978-4-8140-0104-0
Printed in Japan

印刷・製本　亜細亜印刷株式会社
カバー・本文デザイン　株式会社トーヨー企画
定価はカバーに表示してあります